AF311810

DE NIIGATA A YEDO

(JAPON);

PAR

M. le docteur J. VIDAL,

Membre correspondant.

TOULOUSE,

IMPRIMERIE DE LOUIS & JEAN-MATTHIEU DOULADOURE,

Rue Saint-Rome, 39

1875.

Extrait du Bulletin de la Société des Sciences Physiques et Naturelles
de Toulouse.

DE NIIGATA A YEDO

(JAPON);

Par M. le docteur J. VIDAL,

Membre correspondant.

I.

Le Depart. — Voyage par eau. — Paysages de rivière. — Un coucher de soleil. — Le R. P. Evrard. — Faute d'écluse. — Au pied des montagnes. — La vallée de Yama-Outchi. — Les bambous.

L'année dernière, je fus désigné au mois de mai, par le gouvernement Japonais, pour aller installer un hôpital-école de médecine dans la ville de Niigata, chef-lieu du district du même nom, dans la province de Yetchigo. Ayant eu à traverser, pour me rendre à ce poste, un pays très-intéressant par lui-même, et de plus, à peu près inconnu des Européens, auxquels il est bien rarement permis de circuler dans l'intérieur du Japon, j'eus l'idée d'écrire une relation sommaire de mon voyage, sans autre but que celui de donner une idée de ce pays aux personnes de ma famille et aux personnes amies, qui, malgré le temps et la distance, me conservent toujours une place dans leurs affections.

Il s'est trouvé que ces quelques lignes, écrites comme simples impressions de voyage, ont intéressé encore d'autres personnes; et la Société des sciences physiques et naturelles de Toulouse, à qui elles furent communiquées, leur fit l'honneur d'en écouter avec bienveillance un compte rendu, et de les adresser à son Comité de publication,

Cet accueil favorable fait à de simples notes de touriste, et l'espoir d'être encore agréable aux lecteurs de ma première relation, m'ont engagé à en écrire une seconde de mon voyage de retour de Niigata à Yedo, que j'ai fait, à dessein, par un chemin tout différent de celui que j'avais suivi l'année dernière.

La mission que j'étais allé remplir à Niigata se trouvait terminée à la satisfaction des autorités gouvernementales et des médecins Japonais qui m'avaient été adjoints. Ces derniers, qui avaient fait quelques études médicales à Nagasaki, sous la direction de médecins Hollandais, et qui venaient d'assister à ma clinique et à mes leçons pendant un an, étaient censés être en état de mener à bien la pratique d'un hôpital, et de donner une instruction convenable à une trentaine d'élèves qui étaient venus apprendre les premiers éléments de l'art médical. A mon avis, ils étaient encore bien loin d'en être capables; mais ce n'était point mon affaire, du moment que le gouvernement en avait décidé ainsi (1). Je n'avais plus qu'à opter entre les deux nouvelles missions qui m'étaient offertes; celle d'aller dans la ville d'Akita, chef-lieu d'un district voisin, recommencer la même opération, c'est-à-dire y fonder un hôpital-école de médecine, ou bien celle de diriger le service de santé de l'importante usine de Tomioka, à trente lieues seulement au nord-ouest de Yedo. Après quelques hésitations, je me décidai pour ce dernier poste. Le goût assez vif que j'ai de visiter des contrées nouvelles, et la certitude de trouver à Akita de nombreux sujets d'étude, particulièrement en histoire naturelle, m'auraient volontiers fait pencher en faveur de cette localité qui se trouve sur le même littoral et à soixante lieues plus au nord que Niigata; mais là, j'aurais été absolument seul européen, surchargé de besogne, obligé de vivre presque entièrement à la Japonaise, à cause de la difficulté des transports et des communications avec les ports ouverts au commerce étranger; bienheureux encore si, à de longs intervalles, j'avais reçu mes courriers, et cette situation devait durer deux ans au moins.

(1) L'incapacité de ces médecins fut bien vite reconnue. J'ai appris plus tard que l'autorité s'était mise en quête d'un autre médecin européen.

Pour toutes ces raisons, j'acceptai de préférence le poste de Tomioka , moins important au point de vue médical , il est vrai, mais où, avec l'avantage d'être relativement peu éloigné de Yedo, j'étais certain de trouver les meilleures relations avec le directeur français de l'établissement.

Dès les premiers jours du mois de mai , je fis mes préparatifs de départ. Je m'aperçus alors que la population Japonaise de la ville, et en particulier les cinq ou six résidants Européens, me voyaient partir avec beaucoup plus de regrets que je ne l'aurais pensé ; c'était à qui voudrait me voir une dernière fois. Le gouverneur donna un dîner en l'honneur de mon départ, et comme il se trouvait un photographe Japonais, de passage, il donna l'ordre de me photographier au milieu de tout mon personnel ; il envoya des exprès sur mon chemin pour que je ne rencontrasse aucun obstacle pendant mon voyage, et, en un mot, je n'eus qu'à me louer de ses bons offices. De mon côté , ce n'était pas sans quelque regret que je quittais cette ville , où, malgré des travaux pénibles et un isolement presque complet, je venais de passer une année de calme et de tranquillité que je désespère de jamais retrouver ailleurs. De plus, on s'attache à ses propres œuvres ; cet établissement que j'avais vu se former et se développer sous ma direction , il me semblait qu'il était mien. Je le laissais en pleine voie de prospérité ; mais quel allait être son sort après mon départ ? J'y avais donné des soins à plus de quinze cents malades et à plus de trente élèves ; mais qu'allait-il advenir d'eux , entre les mains inexpérimentées des médecins Japonais ?

Le jour de mon départ arriva enfin ; ce fut le 10 mai que je quittai Niigata , à deux heures de l'après-midi, et que je traversai la rivière Sinano Gawa (1) pour me diriger droit à l'est, vers les montagnes, en remontant à travers la plaine, les petits cours d'eau qui en descendent. Une dernière satisfaction m'était réservée pour le moment de mon départ ; comme je mettais le pied sur ma barque, je me vis entouré de tout mon personnel

---

(1) Le mot *Gawa*, qui en japonais signifié *rivière*, termine invariablement les noms de tous les cours d'eau. Quelques noms de ville prennent aussi cette terminaison.

au complet : médecins, élèves, employés, ils étaient tous là, ayant fait une grande demi-lieue de chemin, pour venir me dire adieu et me souhaiter un bon voyage. J'avoue que je fus flatté et encore plus surpris de ce procédé, que je peux affirmer n'être pas ordinaire chez les Japonais, et auxquel j'étais loin de m'attendre.

En somme, je quittai Niigata dans les conditions les plus favorables ; le temps était magnifique, et j'avais la bonne fortune d'avoir pour compagnon de route un de nos missionnaires les plus distingués, le R. P. Evrard, qui avait absolument voulu m'accompagner pendant les premières étapes de mon voyage. J'aurai occasion de dire plus loin de quelle utilité me fut ce digne prêtre, qui connaissait le district de Niigata, pour l'avoir déjà parcouru, et qui, après un travail surhumain de sept années, était parvenu à se rendre maître de la langue Japonaise parlée et écrite. J'avais pris deux barques à mon service pour la journée ; je m'étais installé dans la première, avec mon compagnon de voyage ; la deuxième portait mes deux domestiques, mes bagages et aussi ma petite ménagerie, composée d'un jeune chien de chasse et d'une vieille chatte, ma compagne fidèle, depuis des années, en Chine et au Japon. Quant à mon interprète et à mon secrétaire, ils m'avaient demandé la permission de voyager isolément, ce jour-là, sans doute pour avoir plus de temps à consacrer aux libations d'usage.

Un quart-d'heure nous suffit pour traverser le *Sinano*, et contournant la pointe nord du grand village de *Tonari*, qui se trouve sur la rive droite, en face de Niigata, nous nous engageâmes dans un large canal, qui fait communiquer cette rivière avec celle de *Akano gawa* ; celle-ci, qui coule parallèlement à la première, mais plus à l'est, va se jeter à la mer, un peu plus au nord. Après cinq quarts-d'heure de navigation, nous avions parcouru trois *ri* (1), et nous débouchions dans l'*Akano gawa*, en face du village de *Matsouga Saki* ; celui-ci ne se compose que de pauvres cabanes de pêcheurs, à demi-enfouies dans le sable

(1) Le *ri* japonais équivaut presque à une de nos lieues, ayant en moyenne une longeur d'environ 3,950 mètres. Le *tcho* en est la 3ᵉ partie.

des dunes qui bordent la mer, et n'a rien de l'aspect ordinairement si riant des villages du Japon : pas de verdure , point d'ombrages ni de ruisseaux limpides ; de noirs filets séchant au soleil, des avirons et des cordages jonchant le sol , et c'est tout. Nous passons assez rapidement devant ce spectacle peu séduisant, et après avoir remonté peu de temps l'*Akano gawa* , nous nous engageons dans un petit canal qui se dirige droit à l'est , vers les montagnes. En ce moment, nos bateliers nous apprennent une agréable nouvelle : les eaux étant hautes, en raison de la fonte des neiges , ils pourront, nous disent-ils, nous conduire jusqu'à la ville même de *Sibata*, où nous devons passer la nuit. En temps ordinaire, les barques ne peuvent aller que jusqu'à une distance de deux lieues de cette ville , et l'on est obligé de faire ces deux lieues à pied. C'est donc autant de gagné pour nos jambes , qui auront assez à faire à partir du lendemain. Rien de calme et de gai comme notre tranquille navigation sur cette petite rivière , aux eaux si limpides , aux rives si verdoyantes , en ce moment diaprées de tout le luxe des fleurs du printemps : je m'arrète de loin en loin , pour en cueillir quelques-unes au profit de mon herbier ; les violettes surtout et les scrofulaires abondent ; les premières offrent plusieurs espèces et variétés de diverses nuances , du violet au blanc , les unes à longues feuilles oblongues lancéolées, les autres à feuilles arrondies : deux espèces de scrofulaires de petite taille sont tellement abondantes que , par places , elles forment de véritables tapis ; l'une est à fleurs d'un beau rose et l'autre a les fleurs blanches. Nos bateliers s'arrêtèrent un instant dans un petit hameau , dans le but de se rafraîchir, au moyen d'une tasse de thé. Je profitai de l'occasion pour mettre pied à terre et dégourdir un peu mes jambes en faisant le tour des maisons. Ce petit hameau était littéralement enseveli dans la verdure de nombre d'arbres et d'arbustes formant les haies des enclos et dont plusieurs étaient en fleurs en ce moment. J'en fis à la hâte et au hasard une petite récolte, et parmi ces espèces , dont beaucoup m'étaient inconnues , du moins au point de vue botanique, je distinguai un joli érable, à petites feuilles , élégamment découpées, et un troène particulier. Les paysans, qui ne perdaient pas de vue

un seul de nos mouvements, me voyant sérieusement occupé
à cueillir des fleurs, me firent entrer dans leurs jardins dont ils
m'offraient les plus belles. Je leur demandai le nom Japonais des
plantes ; mais ils ne purent m'en nommer qu'un petit nombre. Se
ravisant tout à coup : Attendez un instant, me dirent-ils, nous
allons chercher un homme qui connaît tous les noms des plantes. Et en effet, un instant après, j'étais en présence d'un vieillard à cheveux blancs, qui me dicta le nom de toutes mes plantes, à l'évidente satisfaction de tous les villageois, qui paraissaient très-fiers de la science de leur patriarche.

Cependant, le soleil baisse à l'horizon, et nous risquons de
coucher en chemin, si nous ne nous remettons promptement
en route ; en conséquence, nous reprenons nos bateaux et nous
glissons assez rapidement sur les eaux. Devant nous, se dresse
à peu de distance la chaîne de montagnes qui, vers l'est, nous
ferme l'horizon, et dont les cimes sont encore couvertes de
neige ; bientôt le soleil couchant éclaire seulement les crêtes
les plus élevées, laissant dans l'ombre les parties les plus bas-
ses ; il vient un moment où le spectacle est vraiment superbe :
pendant que les pics neigeux nous envoient des reflets argentés,
dont nous avions peine à soutenir l'éclat, les massifs des forêts
et les ravins profonds forment des ombres épaisses, qui font
ressortir la douce teinte bleuâtre du flanc des montagnes. Le
P. Evrard et moi ne nous lassons pas d'admirer ces effets de
lumière si extraordinaires, et nous finissons par avoir la même
idée. C'est que, si jamais un peintre paysagiste essayait de
reproduire, même en les modérant, ces mêmes effets pourtant
si réels, il serait bien certainement taxé de s'être laissé entraîner
jusqu'à l'absurde par son imagination.

Le soleil a enfin disparu derrière les montagnes de l'île de
Sado ; l'ombre se fait peu à peu, et le firmament, dont aucun
nuage n'altère la pureté, se couvre en quelques instants des mille
feux de ses étoiles. Les montagnes n'étaient plus que des masses
sombres confuses, et nous poursuivions de nos regards les
astres, se dégageant l'un après l'autre des voiles du crépuscule,
lorsque une manœuvre de notre barque, aussi brusque qu'inso-
lite, et une vive conversation de nos bateliers, vint nous arracher

à nos rêveries, et nous rappeler à la réalité ; pour le moment, celle-ci n'avait rien de bien grave , car nous nous trouvions en présence d'un barrage de deux mètres de hauteur, qui nous fermait toute issue. Pour aller plus loin , il nous fallait hisser nos barques sur la berge et les relancer dans le canal , au-dessus du barrage. En plein jour , cette opération n'offre pas grande difficulté, vu que, dans une maison voisine, se trouve un poste d'hommes, dont l'unique occupation est de faire franchir l'obstacle aux barques qui se présentent ; mais nous étions arrivés trop tard , les hommes étaient partis et nos bateliers paraissaient tout disposés à vouloir passer la nuit sur place , en attendant que les hommes de corvée revinssent le lendemain matin.

Mais cette combinaison n'étant pas du tout notre affaire , nous déclarâmes qu'il fallait passer à tout prix. Vite, donnant l'exemple , le P. Evrard et moi commençâmes à mettre à terre nos bagages ; ce que voyant, nos hommes furent pris d'une hilarité folle, et se mirent d'eux-mêmes à travailler, riant de bon cœur de nous voir attelés à leur besogne. Pour bien comprendre ce que, à leurs yeux, la situation avait de comique, il faut savoir que, d'après les usages Japonais , un homme d'une classe tant soit peu élevée ne doit, sous aucun prétexte, faire un travail manuel quelconque. Ainsi, un Japonais qui se serait trouvé dans notre position , se serait étendu simplement au fond de son bateau et aurait attendu indéfiniment les événements , plutôt que de donner un coup de main à ses hommes Pour nous, qui n'étions pas Japonais, nous ne nous croyions pas déshonorés en nous servant de nos bras pour nous tirer d'affaire. Une fois nos barques allégées de tous nos bagages, nous nous mîmes en devoir de les hisser le long d'un plan incliné , pratiqué tout exprès sur la berge ; des rouleaux se trouvaient là aussi, destinés à faciliter l'opération ; réunissant les efforts de tout notre monde , le P. Evrard tirant à l'avant de toutes ses forces, moi poussant à l'arrière, nous réussimes à transporter nos barques au-dessus du barrage ; après quoi, nos bagages furent replacés tant bien que mal , et ce fut avec satisfaction que nous nous trouvâmes à flot de l'autre côté. Il était temps, car la nuit était complétement venue , ce qui, joint à ce que le canal était beaucoup plus étroit , rendait la navigation plus difficile ; nous n'avancions plus que lentement, et ce ne fut qu'à huit heures et demie du soir que nous arrivâmes à *Sibata* ; heureusement que notre arrivée était annoncée et que des gens qui nous attendaient , munis de lanternes , nous conduisirent assez promptement à l'hôtellerie où nous devions passer la nuit.

Je ne dirai rien des particularités que peut offrir une hôtellerie Japonaise , en ayant déjà donné une idée suffisante dans ma première relation. Dès que nos bagages furent arrivés , nous nous empressâmes de faire mettre le couvert sur les nattes , qui nous servaient tout à la fois de table et de chaise ; nous nous sentions affamés ; aussi , autant pour fêter notre premier jour de voyage que pour soutenir nos forces , je fis ce soir là un large emprunt à mes provisions de route. Le P. Evrard , voyant apparaître du pain frais , du vin, et un potage , suivi de deux ou trois plats , ne revenait pas de son étonnement et m'affirmait qu'il n'avait jamais été à pareille fête , en voyageant dans l'intérieur du pays. En effet, nos pauvres missionnaires , dans les très-rares occasions où ils peuvent s'aventurer dans les districts, n'ont le plus souvent pour tout attirail et pour toute provision qu'un bréviaire sous le bras et un parapluie à la main. Vivant à la Japonaise, ils sont assurés de trouver partout le bol de riz et la tasse d'eau claire qui compose leur repas et la natte qui forme leur lit. Pour moi , peu habitué à un pareil régime, j'avais cru prudent de n'entreprendre une longue route à travers un pays si peu connu, que muni tout au moins du plus nécessaire. J'emportais donc un petit matelas avec des couvertures , plus du pain , du vin , sucre, café , huile et vinaigre, et aussi quelques boîtes de conserves pour le cas où je ne trouverais rien autre chose dans les villages qu'un peu de riz.

Le lendemain matin 11 mai , nous fûmes sur pied de bonne heure ; le temps était magnifique et nous nous sentions bien disposés pour commencer la série de nos étapes à pied ; toutefois nous n'avions qu'une demie confiance dans nos forces et dans la vigueur de nos jambes : le P. Evrard se relevait à peine d'une longue maladie qui l'avait conduit aux portes du tombeau ; pour moi , je craignais qu'une année d'une vie forcément trop sédentaire n'eût un peu atrophié mes muscles et roidi mes articulations. Aussi , nous tombâmes d'accord de ne fournir pour le premier jour qu'une course modérée, à titre d'essai. Du reste , comme nous avions encore environ deux lieues à faire avant de nous engager dans les gorges des montagnes , je profitai de cette occasion pour faire charger mes bagages sur de petites voitures à bras du pays , appelées *Kourouma*.

Après avoir pris congé de nos hôtes , qui augmentèreut nos provisions de bouche d'un gâteau , en reconnaissance d'une consultation que je leur avais donnée, nous prîmes le chemin des montagnes , le cœur léger, équipés en touristes et avec le contentement de deux écoliers en vacances. La vérité était que, pour moi surtout, ce voyage représentait mon temps de vacances , après une année de labeur assez pénible. Nous nous dirigeâmes vers le sud , longeant à petite distance le pied des montagnes , au sortir de la ville de *Sibata*. Celle-ci , quoique assez importante, ne présente rien de remarquable ; d'un accès trop difficile , elle a dû laisser le monopole du trafic à sa rivale, la ville de *Niigata* , mieux située pour la commodité des transactions commerciales.

La route que nous suivons tout d'abord est réellement très-belle ; elle est formée par une chaussée, large et élevée au-dessus des rizières, et bordée de chaque côté par une rangée de pins séculaires , d'une taille colossale, comme je n'en ai jamais vus qu'au Japon. Des ruisseaux d'une eau très-claire descendant des montagnes, circulent tout le long ; l'air est pur et frais , et le soleil n'a que des rayons tièdes, qui filtrent faiblement à travers les branchages. Aussi, pour jouir à notre aise d'une si belle matinée, nous allons à petits pas, comme deux promeneurs qui ne seraient sortis prendre l'air des champs que pour gagner de l'appétit pour leur déjeuner. Nous nous arrêtons souvent pour admirer une vue , un effet de neige sur le sommet des montagnes ; à chaque instant nous quittons la route pour aller récolter des plantes qui attirent notre attention. Les paysans qui nous rencontrent, paraissent tout étonnés de nos allures et doivent se dire que les étrangers ont une singulière manière de voyager , sans compter que notre costume n'est pas pour eux un mince sujet d'étonnement.

Le P. Evrard , vêtu du costume ecclésiastique , porte en sautoir une gibecière en cuir, ce qui , avec son bréviaire, constitue tout son bagage. Pour moi , je porte un costume de route, de fantaisie, et suis coiffé d'un chapeau en forme de casque de pompier, comme on en porte dans ces pays-ci, pour se garantir des insolations ; mais ce qui frappe le plus les Japonais dans mon accoutrement, c'est la grande boîte à herborisation, en fer blanc, qui se balance sur mon dos. Je m'aperçois qu'ils demandent au domestique qui me suit, quel est l'usage d'un objet aussi singulier , et celui-ci leur répond gravement , que je suis le médecin de *Niigata*, et que je mets dans cette boîte des herbes avec lesquelles je compose des remèdes qui guérissent de toutes sortes de maladies.

Avec notre manière de faire, nous n'avançons pas vite, et il est huit heures et demie, quand nous arrivons au village de *Itchikouno*, n'ayant encore fait que trois-quarts de lieue ; il est dix heures quand nous atteignons celui de *Yama Outchi*. Ce dernier, bien que peu important, mérite d'être signalé, parce que , comme son nom l'indique (*Yama*, montagne, et *Outchi*, en dedans), il se trouve à l'entrée de la gorge qui donne accès dans le pâté montagneux. A partir de ce point, nous commençons à gravir le versant ouest des montagnes ; aussi mes bagages sont-ils chargés sur des chevaux , l'état des chemins ne permettant plus aux voitures à bras d'aller plus loin.

Néanmoins , la route est encore très-belle et, sauf quelques légers accidents de terrain , ne présente qu'un plan peu incliné ; sur de longs espaces , elle est bordée par des rangées de pins énormes, qui en font une majestueuse avenue. Cependant , à en juger par quelques exemples , ces géants des forêts ne sont pas toujours de force à résister à la violence des ouragans. C'est avec étonnement que nous voyons un de ces colosses, gisant en travers de la route , arraché par un récent coup de vent ; un peu plus loin , un autre non moins fort avait été brisé vers le milieu de la hauteur du tronc. D'après la configuration de cette vallée de *Yama Outchi*, il est facile d'expliquer cette violence des vents qui, venant du large , se heurtent contre la barrière des hautes montagnes et s'engouffrent dans cet espèce d'estuaire béant ;

celui-ci , se rétrécissant brusquement , donne lieu à une sorte de mascaret atmosphérique ; il est aussi à noter que les chaumières les plus exposées , sont toutes abritées par de hautes palissades faites de bambous et de branchages.

Nous ne tardons pas à arriver à un endroit ravissant ; les deux versants de la vallée s'étant rapprochés , forment de chaque côté des murailles de verdure , d'où s'élancent quelques pics isolés ; le fond de la vallée est couvert d'un bois de haute futaie, à travers lequel serpente notre chemin , uni et sablé comme l'allée d'un parc. Les grands arbres, toutefois, sont assez espacés pour qu'il nous soit possible de marcher à l'ombre de leur feuillage ; à leurs pieds croissent à l'envi une grande quantité d'arbustes formant de jolies broussailles en fleurs; parmi eux, nous admirons une espèce d'*Azalée (Tsoutsoudji)*, aux fleurs d'une singulière couleur, difficile à définir, comparable à une couleur de feu, un peu terne. Chose remarquable, il nous est impossible d'en trouver en cet endroit une autre variété ; et cependant, nous savons que le Japon possède toutes les variétés possibles d'Azalées, qui forment en quelque sorte la broussaille obligée des montagnes, et jouent ici le même rôle que les myrtes et les lentisques dans les montagnes de notre Kabylie. Bien que l'heure du déjeuner soit arrivée , nous nous attardons malgré nous , pour récolter nombre de jolies plantes que je vois pour la première fois. Ma boîte d'herboriste est remplie, farcie ; — n'importe , nous récoltons toujours et nous nous trouvons bientôt avoir chacun sous le bras une botte d'herbes ; c'est ainsi chargés , que nous arrivons au village d'*Akatani* , entre onze heures et midi.

Comme nous approchons des premières maisons , nous voyons venir vers nous un Japonais qui, en nous apercevant, s'empresse de se prosterner le front dans la poussière. Ce n'était rien moins que le chef du village , lequel informé par mes interprètes de notre prochaine arrivée , était venu à notre rencontre pour nous conduire et nous faire les honneurs de son village. Hélas ! celui-ci, incendié pendant la guerre civile de 1868 , renaissait à peine de ses cendres. C'était le premier aussi délabré que je rencontrais, et à cette vue, je ne pus me défendre d'un mouvement de colère contre cette horrible coutume du pays, qui veut que lorsqu'une armée est en fuite, elle brûle derrière elle tous les villages ; cela fait partie de la tactique Japonaise, et ces incendies n'ont d'autre but que d'assurer la retraite, en arrêtant l'ennemi dans sa poursuite. La vérité est que, dans ces gorges resserrées, un incendie allumé sur la route intercepte toute communication, jusqu'à ce qu'il soit éteint. Cette barbare coutume a été encore mise en pratique cette année-ci même par les insurgés du district de *Saga*, fuyant devant les troupes du *Mikado*. D'ordinaire, les incendiaires ne massacrent pas les habitants ; ils se contentent de les piller.

Nons entrâmes dans une auberge de ce pauvre village, et nous nous empressâmes d'étaler nos provisions sur la natte et de faire honneur à un déjeuner que nous avions assez bien gagné. Nos hôtes s'empressaient autour de nous en vertu des recommandations officielles qui leur avaient été faites ; mais toutes leurs prévenances n'aboutirent qu'à nous procurer de l'eau fraîche et quelques œufs. Aussitôt après notre déjeuner, je fus prié d'examiner un malade qu'on m'apporta. C'était un malheureux jeune homme qui était atteint d'un énorme phlegmon diffus occupant tout le pied et toute la jambe, jusqu'au dessus du genou ; malheureusement, par un malentendu que je sus ensuite être un mauvais tour de mes interprètes, presque tous mes bagages, y compris mes instruments, étaient déjà partis, desorte qu'à mon grand regret, je ne pus faire cette petite opération, qui consistait à débrider largement ; car le patient se refusa à se laisser opérer à l'aide d'un rasoir Japonais, seul instrument suffisamment tranchant que je pouvais me procurer. Je donnai seulemment quelques conseils, en échange desquels on me fit présent d'une belle jeune pousse de bambou, de l'espèce la plus estimée.

Le cadeau peut paraître singulier ; mais il faut savoir que les jeunes pousses du bambou sont un mets recherché des Japonais, qui les mangent fraîches ou bien conservées dans une espèce de saumure. Il y a au Japon environ une trentaine d'espèces de bambous de toutes dimensions, mais il n'y en a guère que cinq dont les jeunes pousses sont employées comme comestibles. Ce

sont : le *Mòsò*, qui est un des plus gros et des plus estimés ;
le *Madake*, le *Ote tchikou*, le *Medake* ou *Onnatake* (bambou
femelle), et enfin le *Hatchikou*, qui est le plus petit. D'autres
espèces abondent dans le pays, surtout le *Soudzoutake* et le
Chinodake, qui sont toutes deux de petite taille ; mais elles ne
sont pas usitées pour l'alimentation.

II

**Dans les montagnes. — Unemine de charbon. — Trop de zèle. —
Méfiez-vous des interprètes. — Incendie. — Faune Japonaise. — Les
montagnes de Sado. — La mine de cuivre de Sagoura. — Pénible
séparation.**

Après nous être suffisamment reposés et bien que la chaleur
fût un peu forte, nous décidâmes d'aller visiter une mine de
charbon qui se trouvait dans les montagnes voisines, à une lieue
et demie sur la droite de notre route. Toute cette partie de la
chaîne de montagnes qui est à l'est de la plaine de *Niigata*, est
très-riche en mines de charbon, que je n'avais pas eu le temps
d'aller examiner ; il y a aussi à chaque pas des sources de pé-
trole, que les habitants ne savent pas encore épurer ; en quelques points, ces sources sont tellement abondantes qu'elles
viennent sourdre à la surface du sol ; les paysans les conduisent
à l'aide de rigoles, ou de tuyaux de bambou, auprès de leurs
habitations, et les utilisent grossièrement pour la cuisson du riz
et d'autres usages domestiques ; il y a aussi quelques sources
thermales généralement peu ou point minéralisées ; il y en a une
cependant qui laisse un dépôt blanchâtre assez abondant à la
surface des roches, du soufre, sans doute ; mais à mon grand
regret, je n'ai pu aller visiter toutes ces choses intéressantes,
faute de temps.

Précédés du chef du village d'*Akatani*, qui nous servait de
guide, nous nous dirigeâmes vers la mine de charbon en suivant

un joli sentier récemment frayé à travers les fourrés de la montagne ; nous cheminions un peu lentement, récoltant de ci de là quelques plantes, parmi lesquelles une très-jolie espèce de violette éperonnée (*Soumise*). Au bout d'une heure de marche, nous arrivâmes à une petite maisonnette, qui était la demeure du chef de l'exploitation et qui ressemblait à une sorte d'ermitage perdu au milieu des forêts. Ce chef, prévenu de notre arrivée par notre guide qui avait pris les devants, vint nous recevoir très-cordialement et nous nous reposâmes un instant sous son toit. C'était un jeune homme dont la physionomie à la fois intelligente et énergique me frappa. Je lui dis qu'il devait se sentir bien isolé, seul au milieu des bois, alors surtout que les neiges de l'hiver le retenaient prisonnier. Ah ! monsieur, me répondit-il avec un sourire plein de tristesse et d'amertume, il faut être ce que nous sommes, pour faire ce métier. Je ne compris que quelques instants après la portée de ces paroles.

Nous ne tardâmes pas à nous remettre en chemin ; mais le sentier devenu plus escarpé ne nous permettait que d'avancer lentement. Nous rencontrâmes d'abord une première carrière, alors abandonnée depuis qu'elle avait été comblée par un éboulement. A partir de cet endroit, ce fut par un véritable escalier dont les marches étaient représentées par des troncs d'arbre placés horizontalement en travers, que nous arrivâmes sur la crête de la montagne. De là il fallut redescendre encore pendant quelques minutes le versant opposé, par un sentier étroit et glissant, qui nous conduisit à la mine exploitée ; si tant est qu'on puisse donner ce nom au triste chantier qui apparut à nos yeux, au milieu de la broussaille et dans un endroit absolument désert. Il avait suffi de gratter en quelque sorte le sol, pour mettre à découvert le gisement de charbon dont les strates obliquement parallèles semblaient s'enfoncer profondément, selon la courbe d'ondulation des montagnes voisines. L'exploitation se faisait à ciel ouvert, c'est à peine si le point d'affleurement commençait à être attaqué ; le charbon que l'on obtient est une espèce de lignite légère (densité, 1,23), présentant souvent une cassure brillante et comme résineuse. Rien de plus misérable au reste que cette exploitation où l'on ne voyait ni outillage, ni instal-

lation d'aucune espèce ; une quinzaine d'hommes, n'ayant pour
tout abri qu'une cahutte de paille et de branchages, remplissaient quelques paniers de charbon qu'ils devaient ensuite porter
sur leurs épaules, jusqu'au bas de la montagne. Aussi, pris sur
place, le charbon ne coûtait qu'un *tempo* (environ 25 centimes
de France) le *picule* (60 kilogrammes) ; tandis que rendu à
Niigata, il revenait à un *Itchibou* (1 fr. 25), à cause de la difficulté des transports.

De temps immémorial, disent les gens du pays, on savait
qu'il y avait du charbon en cet endroit ; mais il n'était jamais
venu à l'idée de personne de l'exploiter, d'abord à cause de la
difficulté du transport, et ensuite parce que, en réalité, les Japonais ne se servent pour rien des charbons de terre, qui sont
encore aujourd'hui une non valeur pour leurs propres usages.
Toutefois, depuis que, dans ces dernières années, un nombre
considérable de bateaux à vapeur sont venus fréquenter les
différents ports du Japon, et que, un certain nombre d'établissements industriels importants fonctionnent avec des machines à
vapeur, on s'est mis à exploiter quelques-uns des nombreux
gisements connus. Celui-ci n'étant pas très éloigné de *Niigata*,
quelques pauvres jeunes gens ont imaginé d'en tirer parti par
eux-mêmes, bien qu'ils ne soient pas des gens du commun, et
qu'ils appartiennent tous à la classe privilégiée des *samouraï*
(classe militaire, ayant seule le droit de porter les deux sabres).
Pendant la guerre de 1868, ils avaient, de même que tous ceux
des provinces du Nord, combattu sous les drapeaux du *Taïcoun*,
et avaient succombé dans la lutte ; depuis cette époque, privés
en grande partie des subsides que leur octroyait le gouvernement, ils ont été obligés de demander des moyens de subsis-
tance à un travail manuel qui leur est tout-à-fait étranger ; maigres, défaits, couverts de haillons, vivant pour ainsi dire à la
belle étoile, ils étaient dans un état digne de compassion. Plusieurs d'entre eux avaient été blessés au siége d'*Hokodate*, et
avaient été soignés de leurs blessures par le P. Evrard ; aussi,
ils ne l'eurent pas plutôt aperçu qu'ils le reconnurent, et qu'ils
s'empressèrent autour de lui, pour témoigner le plaisir inat-
tendu de le revoir et aussi leur reconnaissance. En thèse géné-

rale, la reconnaissance est un sentiment inconnu des Japonais ; mais cette fois, je pense que leurs démonstrations étaient sincères. Nous leur laissâmes quelque monnaie sous le prétexte de payer quelques échantillons [de lignite que j'emportai ; car, malgré leur dénuement, ils auraient peut-être été trop fiers pour accepter une aumône.

L'heure s'avançait néanmoins, et nous revînmes sur nos pas, pour prendre le chemin du village de *Tsnaghi,* où nous nous proposions de passer la nuit, et où mes bagages devaient m'attendre selon nos recommandations expresses. Le soleil se couchait quand nous en atteignîmes les premières maisons, étant passablement fatigués et bien disposés à faire honneur au dîner. Mais quelle ne fut pas notre consternation en apprenant que tous mes bagages et tout mon personnel étaient allés jusqu'au village d'*Araya,* une bonne lieue plus loin ! Que faire ? A cette heure avancée, il était impossible de trouver un moyen de transport quelconque ; la nuit se faisait noire et nous ne pouvions plus compter que sur nos jambes pour rattraper notre dîner fugitif. D'ailleurs, c'eût été le comble de l'imprudence que de nous engager avec l'obscurité, dans des chemins étroits, ravinés et bordés de précipices, soit à cheval, soit en *cango.* Prenant notre courage à deux mains, nous nous remîmes en route, précédés d'un guide portant une lanterne. Heureusement, le temps était magnifique, l'air frais, et, malgré les ombres de la nuit, nous pouvions encore nous rendre un peu compte des beautés du paysage. Nous suivions un ravin encaissé, au fond duquel roulait un torrent dont par moments nous distinguions l'écume bondissant contre les rochers ; parfois nous cotoyions de si près les précipices, que notre guide était obligé de nous conduire par la main.

Il était près de neuf heures quand nous arrivâmes au village d'*Araya*, et mon premier soin fut de tancer vertement mon premier domestique pour n'avoir pas attendu au village qui lui avait été indiqué ; mais il me prouva que c'étaient mes deux interprètes qui, malgré lui, avaient fait avancer le convoi. Je m'en doutais un peu, et je les fis appeler pour me faire rendre compte de leur conduite ; ce fut peine inutile, mes drôles

avaient encore poussé plus loin , jusqu'à la ville voisine. Ce sans
façon m'exaspéra d'autant plus, que déjà , l'année précédente ,
pendant mon voyage de *Yedo* à *Niigata*, je m'étais aperçu qu'ils
me rendaient plus de mauvais que de bons services.

Le plus grand ennui que puisse éprouver un étranger voyageant dans l'intérieur du Japon, c'est celui d'être accompagné
par des interprètes. On n'a pas plutôt fait quelques lieues, que
l'on devient leur chose, leur jouet. Ces gens-là, qui n'ont ni nos
goûts, ni nos aptitudes , voyagent comme des brutes, sans prêter
la moindre attention aux choses intéressantes que l'on peut rencontrer ; inutile de leur demander s'il y a quelque chose de
curieux à voir dans le pays que l'on traverse, tels que sites
remarquables , mines, industries diverses, eaux minérales, etc.
A les en croire, il n'y a jamais rien, et ils vont même jusqu'à
donner aux hôteliers la consigne de ne rien dire ; ils n'ont qu'une
préoccupation, celle de voyager le plus confortablement possible, par le chemin le plus court, et de s'arrêter dans les meilleurs
gîtes pour eux, c'est-à-dire dans les localités où ils savent qu'ils
pourront trouver des divertissements de leur goût, et dans ce
but , ils établissent un itinéraire à leur façon. Cette fois, ma patience était épuisée, et je pris la ferme résolution de me débarrasser une bonne fois de mes deux insupportables personnages,
dès que je les rencontrerais. Le P. Evrard , aussi mécontent que
moi, approuvait fort ma résolution , et m'assurait que je voya-
gerais bien plus à mon aise avec mes seuls domestiques.

Nous achevions à peine de dîner, que nous entendîmes des
cris et un mouvement inusité dans le village. Nous sortîmes aussitôt pour nous informer de la cause de tout ce bruit , mais nous
n'eûmes pas la peine de faire des questions ; une grande lueur
qui s'élevait d'une vallée voisine , nous disait assez qu'il y avait
un incendie à peu de distance. Ce genre d'accidents est tellement
commun au Japon , que l'on finit par ne plus y prêter grande
attention. Ainsi, pendant que j'habitais *Yedo* , il ne se passait
pas de nuit sans que la ville ne fut éclairée par un, et souvent
plusieurs incendies à la fois. Toutefois, ce soir là, nous restâmes
un instant à admirer les bizarres effets de lumière produits par
les lueurs de l'incendie, au milieu des massifs de verdure et des

rochers de la montagne. Mais comme nous étions assez fatigués, nous ne tardâmes pas à gagner nos lits, remerciant Dieu de ce que les hasards du voyage ne nous avaient pas conduits dans ce malheureux village pour y passer la nuit. Nous aurions couru risque de perdre les bagages, et pour sûr n'aurions pas eu un moment de repos.

Le lendemain matin 12 mai, après avoir dirigé mes bagages, accompagnés de mon second domestique vers la ville de *Ts-Gawa*, nous quittâmes la route en tournant vers l'ouest, dans l'intention de visiter une mine importante de cuivre, qui se trouvait dans les montagnes voisines. Après avoir franchi un torrent, au sortir d'*Araya*, et en avoir suivi pendant quelque temps la rive droite, nous commençâmes à gravir les flancs ardus de la montagne. Le temps était assez frais et les bois taillis qui nous entouraient nous abritaient des rayons du soleil encore assez bas à l'horizon. Nous marchions lentement, péniblement, en suivant un sentier très-étroit, frayé la hache à la main, par les charbonniers qui allaient faire leur charbon dans ces endroits déserts. Rien du reste, ne nous eût été plus difficile que de nous orienter à travers ces épais foúrrés, ne voyant souvent rien autour de nous à cause des branchages qui étaient tellement serrés, que nous étions obligés de les écarter avec les mains. Mais nous avions eu soin de prendre pour guide un vieillard qui connaissait le moindre recoin du pays, et qui, malgré son âge, marchait au devant de nous, d'un pas ferme et dégagé. Après une ascension assez pénible, d'environ une heure, nous arrivâmes sur une sorte de corniche étroite, où il n'y avait guère que la largeur du sentier. A notre gauche et à une profondeur considérable coulait le torrent que nous venions de franchir. La corniche sur laquelle nous nous trouvions, s'élevait verticalement comme un mur gigantesque, tapissé de verdure; des arbustes touffus et serrés étaient parvenus à implanter leurs racines dans les parois de ce mur et semblaient destinés à arrêter dans sa chute le voyageur qu'un faux pas aurait jeté dans le précipice. Parmi ces arbustes se voyaient encore en grand nombre des azalées, qui cette fois, avaient de belles fleurs parfumées. A notre droite, l'escarpement était un plan fortement incliné et couvert uniformément d'un fourré impénétrable.

A partir de ce moment, l'ascension fut moins pénible pendant quelque temps ; mais bientôt le soleil plus élevé nous envoyant de chauds rayons, nous obligea de faire une petite halte auprès d'un filet d'eau claire. Je profitai de cet instant de repos, pour mettre un peu en ordre quelques échantillons botaniques récoltés le long du chemin, et presque tous appartenant à des arbustes à fleur, dont le plus grand nombre m'étaient inconnus. J'en avais vu seulement quelques-uns, cultivés dans les jardins de *Yokohama* et de *Yedo*, et j'avais quelque plaisir à les retrouver dans les montagnes du *Yetchigo*, leur véritable patrie, plus beaux et plus vigoureux encore à l'état sauvage.

Sur tout le versant de la chaîne que nous gravissions, il n'y avait pas d'arbres de haute futaie, mais seulement des taillis très-épais d'une hauteur de deux à quatre mètres, ce qui résulte je pense de la grande quantité de charbon de bois qui se fabrique et se consomme dans le pays. Un seul arbre énorme se voyait de loin, dominant avec majesté les flots de verdure qui l'entouraient ; c'était un châtaignier séculaire (*Kouri no ki*), qui se trouvait justement sur notre passage. J'eus la curiosité de le mesurer, et je trouvai qu'à un mètre et demi du sol, il avait près de 7 mètres de circonférence ; il me parut être de l'espèce qui produit des fruits assez petits, mais beaucoup plus estimés que ceux d'une autre espèce, qui sont beaucoup plus gros, mais aussi beaucoup plus grossiers.

Nous étions arrivés à l'endroit le plus pénible de notre ascension ; c'est à peine s'il existait un semblant de sentier, entièrement recouvert par les grandes herbes ; souvent nous étions obligés de nous aider de nos mains pour nous hisser, en nous accrochant aux branches. La végétation qui nous entourait, était devenue plus dense et plus sauvage, et il me vint à l'idée que nous aurions fait triste contenance, si dans un endroit aussi sauvage nous avions rencontré quelque animal féroce ; car nous étions sans armes ; heureusement qu'il n'y en a pas au Japon, au moins de l'espèce féline. Il y a cependant une espèce de loup (*Okami*, appelé aussi vulgairement *Yama inou*, c'est à-dire, chien des montagnes), et une espèce d'ours noir (*Kouma*) ; mais ce dernier est plutôt pour les Japonais un gibier qu'un ennemi dangereux. Pendant l'hiver, j'avais vu, sur le marché de *Niigata*, de superbes jambonneaux d'ours, vendus comme gibier ou viande de boucherie; ils étaient fort appétissants à la vue, et recouverts d'une épaisse couche de graisse. Les Japonais paraissent en être assez friands; pour moi, je trouvai cette chair d'une saveur médiocre, et au-dessous de la réputation qu'on lui faisait.

Ce fut en cet endroit que j'aperçus pour la première fois un bel arbuste à grandes fleurs, très-odorantes, qui me parut être un magnolia (*Nemou no ki*), dont il existe plusieurs espèces au Japon. Il n'avait pas encore de feuilles; mais ses belles fleurs se détachant sur le vert feuillage, produisaient un fort joli effet. Tout à côté, je trouvai aussi un arbuste dont les Japonais emploient l'écorce odorante comme remède pour les maladies... des chats, et qu'ils appellent *Matatabie* (*Trochostigma polygama*.)

A neuf heures et demie, après trois heures d'une ascension pénible, nous arrivâmes enfin au col de la montagne appelée *Tatsou yama*, nous nous assîmes sur quelques blocs de roche, pour respirer à notre aise et pour admirer le beau panorama qui se déroulait autour de nous : au nord et à l'est, de hautes montagnes couvertes de neige fermaient l'horizon, pendant que de vastes plateaux très-accidentés remplissaient l'intervalle qui nous en séparait; tout à côté de nous quelques pics isolés montraient leurs cônes semblables à d'énormes jalons jetés de loin en loin sur la crête des montagnes; du côté de l'ouest, le spectacle était vraiment grandiose. Juste en face de nous se trouvait la mer qui, vue à cette distance, ressemblait à une immense surface de cristal, se perdant au loin en se confondant avec les teintes indécises de l'horizon. Au milieu de cette éblouissante surface apparaissait une masse sombre, aux contours irrégulièrement découpés : c'était l'île de *Sado*, dont les sommets escarpés se dessinaient sur le fond clair des vagues. Cette île, qui est à une dizaine de lieues à l'ouest de la côte de *Niigata*, est très-remarquable et célèbre par ses riches mines d'or et d'argent, qui ont été exploitées depuis des siècles par les Japonais. Aujourd'hui l'exploitation se fait régulièrement, au moyen de machines à vapeur, sous la direction d'ingénieurs anglais. Bien des fois, pendant que j'habitais *Niigata*, j'avais eu l'occasion de voir le coucher du soleil disparaissant derrière ces mêmes montagnes de *Sado*, dont il éclairait les cîmes de reflets éclatants ; mais , du point où je me trouvais , la perspective était toute différente ; il me semblait avoir sous les yeux une vaste carte, sur laquelle je pouvais trouver du regard toutes les parties qui m'en étaient connues , et je prenais plaisir à jeter un dernier coup d'œil sur l'ensemble de ce pays , où je venais de passer un an de ma vie, et que je n'étais peut-être plus destiné à revoir jamais.

Après cette courte halte, nous contournâmes la crête de la montagne, pour passer sur le versant ouest, et peu de temps après nous arrivions en vue de la mine de cuivre de *Sagoura* , dont nous apercevions les bâtiments d'exploitation à quelques 200 mètres au-dessous de nous. Vue à vol d'oiseau , cette installation présentait quelque chose de bizarre ; sur un plan incliné d'une assez grande étendue , on voyait de longues rangées de constructions très-basses , dont il était impossible de deviner la destination. On aurait dit un camp volant à quatre côtés , entouré et entrecoupé de rangées de gabions ; les environs de cet endroit presque entièrement déboisé laissaient entrevoir, à travers quelques maigres arbustes , un sol pierreux et aride. Nous continuâmes à descendre pendant encore quelque temps le versant ouest de la montagne , par un sentier difficile , quelquefois taillé grossièrement en escalier dans les roches , et nous fîmes enfin notre entrée dans l'enceinte de l'exploitation.

Ce qui nous frappa tout d'abord , ce fut le misérable aspect des constructions qui ne consistaient qu'en quelques masures délabrées servant d'habitation aux familles des mineurs et en des rangées de mauvais hangards tout enfumés , sous lesquels se faisaient les opérations pour le traitement du minerai. Tous les habitants du lieu nous regardaient avec de grands yeux étonnés ; hommes , femmes et enfants , s'arrêtaient immobiles sur notre passage , comme médusés par notre aspect ; il est bien probable que la plupart d'entre eux n'avaient pas vu d'étrangers et , en tous cas, nous étions certainement les premiers qui venions visiter cet endroit.

Notre premier soin fut de chercher un asile , et l'on nous con--

duisit chez un des chefs de l'établissement ; toutefois , force nous fut d'attendre un grand quart-d'heure, qu'on eût mis une chambre en état de nous recevoir ; nous fûmes enfin introduits dans une pièce très-propre, d'où nous pouvions jouir d'une très-belle vue. Nous étions à peine assis sur nos nattes, qu'un fonctionnaire vint nous rendre visite et s'informer qui nous étions , de ce que nous désirions, etc. Il parut trouver satisfaisantes les explications que lui donna le P. Evrard , et il se retira de suite , voyant que nous manifestions très-clairement notre intention de déjeuner le plus tôt possible ; nous étalâmes aussitôt nos minces provisions auxquelles nous ne pûmes ajouter que cinq œufs, les seuls que l'on put se procurer. Pendant notre repas, des visiteurs qu'à leurs tournures nous jugeâmes être de petits officiers de l'exploitation, vinrent se ranger en cercle autour de nous, sans doute attirés par la curiosité. Nous profitâmes de l'occasion , pour leur demander quelques renseignements qu'ils nous donnèrent de fort bonne grâce. La population ouvrière de l'établissement était, nous dirent-ils, d'environ quatre cents personnes , tant hommes que femmes, sans compter les enfants ; la mine était exploitée depuis bien longtemps, mais plus ou moins activement ; pour l'extraction du minerai, on avait pratiqué, dans les flancs de la montagne, des galeries dans lesquelles on avait accès par des puits assez profonds, et , de notre place , nous pouvions apercevoir l'orifice de quelques-uns. Je m'informai avec soin de l'état sanitaire de la population de la mine , pour savoir s'il n'existait pas quelque affection spécifique résultant de la manipulation du cuivre ; il me fut répondu, qu'en effet, il y avait en général beaucoup de malades , et que certaines personnes ne pouvaient pas résister longtemps ; que le chef de l'établissement lui même était assez malade, et que , depuis plusieurs années , il ne pouvait pas mettre les pieds dans les ateliers, sans être exposé à des rechutes graves.

Mais j'eus beau multiplier et varier mes questions , je ne pus jamais rien obtenir qui m'indiquât la spécificité des maladies provoquées par le cuivre ; les seuls symptômes constants qui m'étaient signalés , consistaient en une toux plus ou moins forte,

de la dyspnée , de l'aphonie, des angines douloureuses et tena-
ces , des coryza, et parfois de la céphalalgie. D'après cela , et
sauf plus ample examen , je m'arrêtai à l'idée que cette irrita-
tion des muqueuses , des bronches , du larynx et du pharinx ,
ainsi que des fosses nasales, étaient dues aux inhalations de va-
peurs d'acide sulfureux ; car, déjà, en passant auprès des hangards , j'avais senti une forte odeur de ce gaz.

A peine avions nous fini notre déjeuner que le chef de la
mine se fit conduire dans notre chambre pour me demander
une consultation. C'était un homme d'environ quarante-cinq ans ,
maigre et d'une apparence souffreteuse ; il se plaignait vivement de ne pouvoir depuis des années surveiller activement son
établissement', à cause des recrudescences de souffrance qu'il
éprouvait chaque fois qu'il restait un peu longtemps dans les
ateliers. Il ne me fut pas difficile de constater chez lui une laryn-
go-bronchite et une angine chroniques , n'offrant rien de particulier, sauf un liséré bleuâtre des gencives. Je ne trouvai pas
les symptômes des affections du cuivre et je demeurai convaincu
que ces accidents étaient surtout dus aux inhalations d'acide
sulfureux. J'indiquai un traitement , à la grande satisfaction de
mon patient, qui s'empressa de me faire cadeau de quelques
échantillons de minerai , et donna l'ordre que l'on nous fît visiter l'établissement en détail. -

Nous nous empressâmes de profiter de cette bonne occasion ,
car nous avions craint de rencontrer quelque difficulté pour tout
visiter à notre aise, d'autant plus que nous étions les premiers
européens qui mettaient les pieds en cet endroit , et que les
Japonais auraient bien pu se montrer un peu méfiants ; mais il
n'en fut rien. Du reste , ce qui était peut-être le plus intéressant
pour nous, c'était de voir les Japonais à l'œuvre en dehors de
toute intervention et de toute modification venues des étrangers ;
ici, l'exploitation se faisait uniquement d'après les procédés
indigènes , et nous allions la voir telle que la pratiquaient leurs
ancêtres.

Voici en quelque mots la série des opérations pour l'extraction du cuivre :

1° Le minerai apporté des galeries en fragments gros comme

de petits moëllons est d'abord concassé et réduit en fragments plus petits, à l'aide du procédé le plus simple; un homme assis à terre casse à coups de marteau le minerai placé sur un gros caillou, de la même façon que, le long de nos routes, nous voyons des hommes casser des pierres pour engraver;

2° Après cette première opération, vient le lavage du minerai, qui est exclusivement confié à des femmes. Dans un hangard de 30 à 40 mètres de long, sur 10 à 12 de large, règne une série de grandes auges carrées en bois, enfoncées dans le sol; elles communiquent entre elles et sont parcourues par un courant d'eau assez rapide, venant d'une source de la montagne; une femme placée devant chacune de ces auges, est munie d'une sorte de grand tamis en bambou, qu'elle plonge dans l'eau courante, et alors, elle l'agite fortement. Au bout de peu de temps, le minerai concassé qui remplit le tamis, se trouve lavé, et les parties les plus ténues de la gangue sont entraînées; les parties les plus grosses, qui ne contiennent pas de minerai, finissent par former une couche plus superficielle, tandis que tout le minerai reste au fond; alors, imprimant au tamis un mouvement particulier de rotation, les femmes réunissent la gangue sur le bord et la lancent habilement d'un côté, pendant que le minerai est jeté d'un autre côté. Ce genre de travail me parut être extrêmement pénible, attendu que les auges se trouvant à fleur de terre, les ouvrières étaient obligées de se baisser beaucoup pour immerger leurs tamis; dans cette position incommode, elles devaient fortement agiter le minerai porté pour ainsi dire à bout de bras; cet exercice prolongé devait nécessairement mettre les muscles à une rude épreuve. A cet inconvénient, il fallait ajouter celui du contact de l'eau froide, car les ouvrières plongeaient leurs bras dans les auges et leurs pieds enfonçaient dans le sol détrempé. Je notai, comme détail particulier, qu'elles avaient toutes un costume de travail, qui consistait en un pantalon taillé en forme d'entonnoir; il descendait jusqu'au-dessous du genou et venait en s'évasant, s'attacher à la ceinture par quelques cordons, en maintenant le *Kimono*, ou longue robe qui est le vêtement ordinaire;

3° Le minerai après avoir été ainsi lavé, est soumis à un premier grillage. Dans ce but, les Japonais ont installé un long hangard, sous lequel se trouve disposée une rangée de fourneaux d'une simplicité extrême. Rien de plus misérable que l'aspect de ce hangard ; quelques pieds-droits à peine équarris supportent tant bien que mal une charpente qui n'est guère composée que de branchages recouverts d'herbes et de terre ; il n'y a pas trace de murs quelconques. C'est au-dessous de cette toiture que s'étend dans toute sa longueur, une sorte de large bâtis, maçonné très-grossièrement avec des pierres et de la terre, et élevé au-dessus du sol d'environ 65 centimètres. Sur la face supérieure et dans l'épaisseur de ce bâtis, sont creusées des cavités circulaires, en forme de marmite, d'environ 1 mètre de diamètre, et pourvues d'un évent représenté par une encoche sur un côté. C'est dans ces espèces de trous que l'on place le minerai, entre des couches d'herbes sèches, de branchages et de bois. On allume alors le feu qui brûle lentement, en laissant dégager une abondante fumée, qui répand une odeur très-prononcée d'acide sulfureux ; des hommes surveillant la marche de l'opération, activent ou ralentissent l'action du feu. Quand le grillage est terminé, on obtient pour résultat une poudre noire qui est soumise à un deuxième grillage.

4° Ce deuxième grillage se fait sous le même hangard et, à très-peu de chose près, dans les mêmes conditions que le premier, sauf que le feu est plus vif ; mais cette fois, le produit est une substance métallique, étendue en une sorte de culot plus ou moins mince, d'un gris blanchâtre, très-cassant, et qui n'a encore rien de l'aspect du cuivre ;

5° Cette substance est enfin soumise à un troisième et dernier grillage, sous l'influence d'une température plus élevée. Cette opération se fait dans un bâtiment spécial, clos de mauvaises murailles faites d'un clayonnage de bambous et de roseaux revêtus de terre. Au pied d'une de ces murailles, se trouve une cavité circulaire creusée dans le sol et entourée de pierres. A une certaine hauteur au-dessus, est disposé un grand manteau de cheminée, comme pour un feu de forge, et qui est destiné à conduire au dehors la fumée et les gaz résultant de la combustion ; tout près de ce fourneau est placé à terre une sorte de soufflet de forge, formé d'une caisse en bois rectangulaire, dans laquelle se meut horizontalement un piston également en bois; un homme en imprimant à ce piston des mouvements de va et vient, envoie dans le foyer un courant d'air à travers un tuyau de bambou. Les choses étant ainsi préparées, le culot obtenu par le deuxième grillage est concassé et placé dans le foyer avec un mélange de bois et de charbon de bois; il y est soumis à un dernier grillage, et lorsqu'on juge que l'opération est terminée, on laisse refroidir, et au fond de la cavité, on trouve, comme produit, un culot de 2 à 3 centimètres d'épaisseur, ayant la couleur du cuivre rouge. L'industrie de la mine s'arrête là, et livre ces culots aux marchands; mais comme le cuivre ainsi obtenu est très-impur, ceux-ci lui font encore subir un raffinage ultérieur, avant de le livrer au commerce.

Telle est, en résumé la série des opérations qui se font à la mine de *Sagoura*, pour l'extraction du cuivre. Le minerai m'a paru être une pyrite de cuivre; il est d'un beau jaune de laiton brillant; mais peut-être contient-il aussi un peu de sulfate de cuivre; il est d'une densité de 4.

J'avais d'abord eu l'intention de descendre dans une des galeries de la mine, mais l'officier qui nous servait de cicerone m'en dissuada; il fallait, me dit-il, remonter en partie la montagne; ensuite, la descente dans les puits était difficile et même dangereuse; enfin, on était sûr de n'en sortir que couvert de boue des pieds à la tête. Je me laissai d'autant plus volontiers convaincre par ces arguments, que je n'avais qu'une confiance médiocre dans le talent des ingénieurs japonais; de plus, j'avais encore une bonne course à faire avant la nuit. Je me contentai de regarder l'orifice des puits les plus rapprochés des galeries déjà abandonnées, et leur aspect n'avait rien de bien attrayant. Quant à l'établissement lui-même, il n'y avait à noter que les hangards et masures dont j'ai déjà parlé, et aussi de longues piles de bois fendu, très-habilement disposées pour sécher, et destinées à fournir plus tard le combustible pour les grillages.

Mais le temps marchait, et à mon grand regret, je dus songer à prendre congé du P. Evrard qui, non-seulement avait été pour moi un charmant compagnon de route, mais qui m'avait encore rendu les meilleurs services, grâce à la connaissance qu'il avait du pays et de la langue japonaise. De son côté, il avait le plus vif désir de m'accompagner plus loin, mais il n'osait, avec raison, s'aventurer plus loin et s'exposer à être arrêté par les autorités, en dépassant les limites du district de *Niigata* ; or, ces limites étaient justement formées par la crête de la montagne *Tatsou Yama*, que nous avions franchie le matin même, et il n'était pas prudent pour lui de s'avancer jusqu'à la ville de *Ts-Gawa* ; car à cette époque, à la suite de quelques difficultés survenues entre les représentants des puissances européennes et le gouvernement japonais, la circulation dans l'intérieur du pays était interdite aux étrangers, plus sévèrement que jamais. Ce ne fut pas sans quelque tristesse que nous nous fîmes nos adieux, et nous nous éloignâmes chacun dans une direction différente. Je descendis le long du versant de la montagne, me dirigeant vers le sud, et à partir de ce moment, je me trouvai réduit à mes seules ressources pendant le reste de mon vayage.

III

Décortication mécanique du riz. — Une maison de thé. — Les arbres laque. — Pont de bateaux. — Système d'endiguement. — Un village incendié. — Les kouras.

Précédé d'un guide et accompagné de mon domestique, je m'acheminai vers la ville de *Ts-Gawa*, par un chemin assez aisé et praticable pour les chevaux de bât. Je suivis pendant quelque temps les sinuosités d'un torrent qui coulait au fond d'un joli vallon ; sur le bord du chemin, je rencontrai bientôt une petite masure qui n'était rien moins qu'une succursale de la mine de *Sagoura*. J'y trouvai le même minerai et le même mode d'exploitation, mais sur une beaucoup plus petite échelle : il n'y avait qu'un seul fourneau, et on ne put me montrer que deux où trois culots de cuivre, produit de long jours de travail; car le minerai était apporté d'assez loin et par des chemins presque impraticables.

Un peu plus loin, je débouchai dans une vallée un peu plus large, et je fus frappé de l'aspect différent que présentait la nature du sol ; dans tous les endroits où il n'était pas recouvert par la végétation et où il apparaissait à nu, par l'érosion des eaux, le long des chemins et des torrents, il se montrait d'une couleur blanche éclatante ; il était formé de strates ondulées et parallèles d'une espèce de calcaire tantôt à gros grains, tantôt compacte. Quelques gros blocs de cette dernière espèce avaient été entraînés par les eaux dans le fond des vallées où ils semblaient des blocs erratiques.

Après avoir marché pendant plus d'une heure à travers des taillis, où abondaient des Azalées à fleurs couleur de feu, j'arrivai sur la rive droite de la rivière de *Akano-Gawa*, la même que j'avais traversée entre *Niigata* et *Chibata*. La ville de *Ts-Gawa* se trouvait juste en face de moi, sur la rive opposée, mais je ne pus prendre de suite passage sur un bac qui se trouvait en cet endroit ; le courant était d'une force extrême, aussi le batelier remonta-t-il assez haut, le long de la berge, en se poussant péniblement à la gaffe, puis poussant au large, il fut rapidement entraîné, et quelques instants après je mettais pied à terre sur le bord opposé, à l'entrée d'une rue de la ville. Celle-ci, que j'eus à traverser en partie pour me rendre à mon auberge, n'offrait rien de remarquable. Mes bagages étaient déjà arrivés, et mes deux interprètes que je n'avais pas revus depuis longtemps et qui n'avaient probablement pas la conscience tranquille au sujet de leur escapade de la veille, étaient là guettant mon arrivée. Dès qu'ils m'aperçurent, ils vinrent à ma rencontre et, de l'air le plus gracieux, s'empressèrent de me dire qu'ils avaient retenu pour moi un bon logis, que tout était en ordre, etc., etc. Je les arrêtai court, au milieu de leurs belles phrases, et sans autres explications, je leur signifiai que dorénavant je leur défendais de se présenter devant moi, de voyager en ma compagnie et de s'occuper de mes affaires en quoi que ce fût. Cette décision, à la quelle ils ne s'attendaient pas, les rendit muets d'étonnement, et je les laissai tout penauds, au milieu de la rue, enchanté pour mon compte d'être enfin débarrassé d'eux.

Comme il était encore de bonne heure, je pensais aller voir des sources thermales, qu'on m'avait dit être près de là ; mais il se trouva qu'elles étaient à une bonne lieue dans la montagne, ce qui me fit renoncer à y aller, d'autant plus que je me sentais un peu fatigué de ma journée et que j'avais en outre à mettre un peu en ordre quelques plantes récoltées le long du chemin. Toutefois, on alla chercher un échantillon de cette eau que je trouvai complétement inodore et insipide, et qui devait être peu ou point minéralisée.

Le lendemain matin, 13 mai, je quittai *Ts-Gawa* vers six heures et demie, par un temps frais et pluvieux. Me dirigeant vers l'est, j'arrivai une heure après sur la rive gauche de la rivière de *Tokonomi-Gawa*, que je passai sur un pont de bois, et à peu de distance au-delà, je me trouvai au pied de hautes montagnes qui me barraient en quelque sorte le chemin. Avant d'en entreprendre l'ascension, je me reposai un instant dans un petit hameau appelé *Anata Moura*. En face de l'endroit où je m'étais assis, il y avait une espèce de marteau-pilon hydraulique pour décortiquer le riz, et j'en pris à la hâte un croquis. J'en avais du reste rencontré beaucoup d'autres semblables depuis que je voyageais dans les montagnes, et ils ne sont qu'une variante assez ingénieuse de celui dont j'ai déjà parlé dans ma relation du voyage de 1873, et que j'avais remarqué à *Nakayama*. Dans le système que je décris ici, un filet d'eau dérivé d'un petit ruisseau est dirigé dans une auge ed bois, fixée à l'extrémité d'une forte barre formant levier ; à l'autre extrémité de ce levier se trouve adapté un pilon, qui vient frapper dans un mortier de bois rempli du riz à décortiquer. Le mécanisme est combiné de telle sorte que lorsque l'auge est remplie d'eau, son poids l'emporte sur celui du pilon, et alors elle s'abaisse brusquement ; mais comme sa paroi la plus extérieure est très oblique, elle se vide complétement dès qu'elle est au bas de sa course, et aussitôt c'est le poids du pilon qui l'emporte et qui retombant dans le mortier ramène l'auge à sa position première. Celle-ci, se remplit de nouveau et l'opération se répète indéfiniment. En somme tout le mécanisme se réduit à un simple levier du premier genre ; le point d'appui, représenté par une traverse, se trouvant au milieu. L'auge pleine d'eau représente la puissance, et le pilon, la résistance ; dès que l'auge est vide, c'est elle qui représente la résistance par rapport au pilon qui est devenu la puissance. Il est inutile de dire que le pilon et le mortier sont toujours à l'abri dans une maison ou dans une hutte, l'auge seule restant au dehors et le levier se mouvant à travers une ouverture de la muraille.

Après cette courte halte, je m'engageai dans un profond ravin et je commençai une ascencion assez pénible ; les sentiers étaient escarpés, glissants et les chevaux chargés de bagages n'avançaient que lentement ; moi-même j'étais obligé de m'arrêter de temps en temps pour reprendre haleine ; mais je n'étais pas plus tôt au repos que j'éprouvais une sensation de froid très-désagréable, à cause de mes vêtements mouillés de sueur et de l'air frais qui régnait dans ces montagnes encore couvertes de neige à leur sommet. Après avoir traversé les villages de *Tonneau* et de *Nomoura*, j'arrivai à celui de *Yakeyama* à neuf heures et demie, n'ayant parcouru depuis *Ts-Gawa* que deux lieues et demie en trois heures de temps. Tous ces villages n'étaient guère composés que de quelques pauvres chaumières et les habitants en avaient l'air misérable ; il me parut qu'ils vivaient uniquement de quelques cultures établies autour de leurs demeures sur un sol péniblement conquis sur le bois des montagnes, et aussi de leur métier de conducteurs de bêtes de somme. A *Yakeyama*, je pris des chevaux de relais pour aller jusqu'à *Joukoutori*, où je n'arrivai qu'à onze heures, en raison de la difficulté des chemins. Ce dernier village était situé en haut d'une gorge élevée, dans un repli de terrain irrigable sur lequel on commençait à préparer quelques rizières. Le temps n'avait pas cessé d'être pluvieux, et d'épaisses nuées se traînaient lentement sur les flancs des montagnes dont elles me dérobaient la vue. Me sentant fatigué et mouillé, je me décidaï à m'arrêter en cet endroit pour prendre quelque repos et pour déjeuner.

Vers midi et demi, le temps s'étant un peu éclairci, je me

remis en route , et après avoir traversé le petit village de *Yat-souda* , j'arrivai au bout de cinq-quarts d'heure à celui de *Hò Kawa* , où je pris des relais pour mes bagages. Cette localité est située au milieu de montagnes couvertes d'épaisses forêts , et dans la direction du N. N.-E. , on aperçoit la haute montagne *Irisan* , couverte de neige. A partir de ce point, le paysage ne cesse pas d'être très-beau , mais très-sauvage ; les chemins sont mauvais , ou plutôt il n'y a pas d'autres chemins que les sentiers tracés par les pas des chevaux et qui deviennent de vrais ruisseaux a la moindre pluie. Les villages de *Chirasaka* et de *Chimonòdjiri*, que je rencontre successivement, ont toujours le même aspect aussi pauvre que les précédents ; les habitants me regardent passer avec un étonnement qui me fait penser qu'ils n'ont dû voir que bien rarement des Européens. A *Chimonòdjiri*, je suis encore obligé de m'arrêter vers les quatre heures , pour prendre de nouveaux chevaux de bât. A partir de cet endroit la route descend vers une vallée assez large que j'entrevois devant moi , vers l'est ; au fond de cette vallée , coule du sud au nord , la rivière de *Ts-Gawa*, que je passe vers les cinq heures , et après avoir traversé le village de *Kaminòdjiri*, j'arrive à six heures à *Nozawa* , pour y passer la nuit ; ce dernier village n'offre rien de remarquable.

Le lendemain , 14 mai , à six heures et demie , je me remets en route par un temps froid et pluvieux comme celui de la veille. Je me dirige vers le sud , du moins comme direction générale , car le chemin décrit de telles sinuosités , qu'à chaque instant ma boussole m'indique des changements de direction. Je côtoie , par un sentier abrupte , les bords escarpés d'un ravin, de chaque côté duquel se dressent à pic des montagnes couvertes d'une riche végétation et cachant leurs sommets dans les nuages. Le pays me semble très-peu habité, car je ne rencontre pas une seule maison ; seulement de temps en temps , mon convoi se croise avec de petites caravanes de chevaux chargés de marchandises , et venant en sens inverse ; bien que les chevaux japonais soient les plus vicieux du monde , je ne peux m'empêcher d'admirer en ce moment leur docilité et leur sûreté de pied dans ces passages difficiles ; ils sont à cette époque de l'année presque toujours conduits par des femmes ou des enfants, attendu que les hommes sont oecupés aux travaux de l'agricul- ture. Souvent un enfant ou une femme conduisent seuls trois ou quatre chevaux sans la moindre difficulté, tant ces animaux ont l'habitude de ces chemins ; ils sont toujours chaussés d'espè- ces de sandales de paille que leurs conducteurs ont bien soin de renouveler de temps en temps.

A mesure que nous avançons, le chemin devient de plus en plus roide, très-glissant, et en certains endroits il est presque à 45° degrés d'inclinaison. Mais les chevaux qui se suivent à la file, ont le merveilleux instinct de mettre leurs pieds à la même place que ceux qui les précèdent, d'où il résulte que le chemin a fini par former une espèce d'escalier ; de plus, chaque dix pas, ils s'arrêtent un petit instant pour reprendre haleine, et ce n'est réellement qu'avec toutes ces précautions qu'ils réussis- sent à gravir les pentes les plus escarpées. Après trois heures de cette marche pénible, je vois enfin se dessiner au-dessus de moi la crête de la montagne, et vers neuf heures et demie j'atteins le *toghé* de *Tabani*. Ce mot *toghé* signifie une passe, un col sur la crête d'une chaîne de montagnes ; c'est le point accessible qui permet de passer d'un versant sur un autre. Quand on voyage dans ces pays de montagnes, on est ainsi obligé d'aller de *toghé* en *toghé*.

Sur le bord du chemin et sur le point culminant se trouve fort à point une maison de thé, qui est un lieu de halte forcée pour tous les voyageurs, de quelque côté qu'ils viennent, car on ne peut arriver sur cette hauteur qu'après une longue et péni- ble marche qui impose l'obligation de prendre un moment de repos. Pour nous, nous n'avons rien de plus pressé que de prendre place sur les nattes, attendu que nous sommes fatigués et aussi mouillés, car la pluie n'a pas cessé depuis le matin ; bien que le temps soit frais, j'éprouve une soif ardente et je me fais apporter ma boisson favorite en voyage, c'est-à-dire un bol d'eau fraîche et un petit flacon de *sake*. Le *sake* japonais est une boisson alcoolique, préparée avec le riz et analogue à nos eau- de-vie de grains, sauf qu'il est généralement moins chargé en alcool ; il y en a de plusieurs espèces différentes, mais toutes

ont un petit goût empyreumatique désagréable ; il se sert toujours dans de petites bouteilles en porcelaine plongées dans de
l'eau chaude, car il se boit toujours chaud, par petites tasses.
L'eau de ces montagnes est excellente, mais tellement froide
que je n'ose la boire pure en quantité un peu considérable, et
que j'y ajoute un peu de ce *sake*, pour l'aiguiser, ce qui ne manque jamais d'étonner les Japonais au suprême degré ; cette manière de boire leur liquide classique est en effet tout à fait con-
traire à leurs usages, et il n'y a qu'un étranger capable de com-
mettre une pareille énormité.

Un bon nombre de voyageurs sont réunis dans la maison,
formant des groupes assez intéressants à observer ; pendant que
les bêtes de somme attendent patiemment au-dehors, leurs conducteurs savourent les douceurs d'une tasse de thé et de leur
kiserou (petite pipe à fourneau métallique). Vu le temps pluvieux, ils portent tous les *water-proof* du pays, qui sont de deux
sortes : l'un est un surtout, tressé en paille, dont les brins
laissés très-longs simulent une épaisse toison le long de laquelle
l'eau peut s'écouler ; l'autre consiste en un papier très-solide et
huilé, appelé *aboura-kami*, à la fois léger et imperméable. Une
éclaircie de courte durée dissipa les nuages et je pus jouir un
instant d'une très-jolie vue ; la maison de thé, comme suspen-
due aux flancs de la montague, est à une telle hauteur, qu'elle
domine toute l'étendue du paysage ; rien n'est vraiment aussi
curieux que d'embrasser d'un seul coup d'œil une immense surface de ce pays, si accidentée, si tourmentée de toutes les
façons, et en même temps si verdoyante ; ce ne sont que collines aux contours tantôt arrondis, tantôt bizarrement découpés,
s'étageant, se croisant en tout sens, et s'entassant en quelque
sorte, comme pour supporter la masse énorme des montagnes
neigeuses qui les dominent ; de nombreux torrents qu'on devine
plutôt qu'on ne suit du regard, se précipitent et roulent de tous
côtés, jusqu'à ce qu'ils se soient jetés dans la rivière de *Ts-Gawa*.
Décidément, je trouve que les montagnes de ce pays d'*Aidzou*
méritent bien leur réputation au point de vue du pittoresque et
du grandiose des perspectives.

Après un repos suffisant, je reprends mon chemin qui cette

fois descend le long d'un plan beaucoup moins incliné que celui du versant opposé, et se dirige vers une assez large vallée qui s'étend en travers de la direction que je suis, et au fond de laquelle je vois serpenter un cours d'eau qui est la rivière de *Ts-Gawa*. Sur ses bords, et occupant toute la largeur de la vallée, j'aperçois de nombreuses plantations d'arbres aux branchages sombres, dépouillés de leurs feuilles et qui donnent à cette partie du paysage une teinte d'une sévérité particulière ; on dirait que le printemps a oublié de la parer de verdure, ou bien que l'hiver s'est attardé dans ce recoin; il n'en est rien pourtant : s'il y a encore des arbres dépouillés, attristant le regard de leurs masses sombres au milieu de la végétation si luxuriante qui les entoure, ce n'est pas la faute de la nature mais bien celle de l'homme. Ces arbres qui sont des plantations exploitées pour l'industrie, ne sont autres que des arbres à laque, que les Japonais appellent *Ourouchi noki*, et qui sont le *Rhus vernicifera*, du genre *Sumac*, ils sont spécialement cultivés dans ces montagnes, où je les ai déjà rencontrés à chaque pas, surtout depuis le village de *Chimonodjiri*. En les voyant de près, je me suis facilement expliqué le retard de leur végétation et leur aspect souffreteux, bien qu'ils atteignent une hauteur moyenne d'une dizaine de mètres. Je pense que c'est l'effet produit par le peu de ménagement que les Japonais apportent dans l'extraction de la séve qui leur fournit la matière première de leurs belles laques. Ce procédé d'extraction, qui est des plus simples, consiste à faire à l'écorce des incisions multiples, parallèles et horizontales sur toute la hauteur du tronc et des branches principales; toutefois, ces incisions ne sont pas circulaires, mais elles n'embrassent qu'un tiers ou un quart de la circonférence; elles sont pratiquées par places carrées, chacune d'un pied de hauteur au plus, et disposées en ordre alterne, de telle sorte que le tronc d'un de ces arbres donne assez exactement l'apparence d'un membre qu'un chirurgien aurait couvert de scarifications disposées en damier assez régulier. C'est à ces trop nombreuses scarifications que l'arbre doit son dépérissement rapide. Dans ces plantations ou voit plusieurs arbres entièrement desséchés, et tous, même les plus jeunes, ont une partie de leurs branches entièrement mortes. Néanmoins, il est possible qu'en dehors de l'influence de l'exploitation, la végétation soit naturellement un peu tardive, parce que j'ai remarqué que chez les jeunes comme chez les plus vieux sujets qui n'avaient pas encore été ou qui n'étaient plus soumis aux incisions, la végétation n'était pas plus avancée que sur les autres. Quoi qu'il en soit, il est certain que, au milieu du mois de mai et dans le pays le plus rénommé pour leur production, je n'ai pu récolter ni une fleur ni un bourgeon floral ; et je l'ai d'autant plus regretté, que je voulais obtenir des échantillons destinés à être envoyés en France, où beaucoup de personnes confondent encore l'arbre à laque, qui est un *Sumac*, avec le vernis du Japon, qui est l'*Ailantus glandulosa*, des *Zanthoxylées*. Je ne pus même pas assister à la récolte de la sève, dont le moment n'était pas encore venu ; elle fournit un liquide clair qui ne tarde pas à se concréter en une masse brune de consistance sirupeuse.

J'arrive à onze heures au village de *Katakado*, situé sur la rive gauche de la rivière *Ts-Gawa*, qui en cet endroit coule du sud au nord ; son lit est fort large et son courant très-rapide. Je la traverse sur un pont de bateaux assez original ; une longue rangée de bateaux plats supportent un tablier fait de fortes planches ; mais ces bateaux ne sont point fixés par des ancres ni attachés à des piquets, chacun d'eux est attaché par une corde à un énorme cable, fait de lattes de bambou tordues, et qui va s'attacher fortement par ses deux bouts aux deux rives opposées. A chacune de ses extrémités, il est soutenu par deux chevalets en bois, assez élevés, de telle sorte qu'il forme au-dessus de la rivière une longue courbe, qui, de loin, simule celle d'un pont suspendu. Cette disposition a été prise pour que les bateaux ne risquent pas d'être entraînés par les fortes crues qui ont lieu tous les ans, d'avril en juin, à l'époque de la fonte des neiges. Pendant cette période, les plus petits cours d'eau deviennent des torrents, et en beaucoup d'endroits, les habitants enlèvent eux-mêmes les ponts en bois, et établissent des bacs à leur place.

A peu de distance au-delà de la rivière se trouve le petit village de *Chitanomi*, où je m'arrêterais volontiers pour déjeuner ; malheureusement, il n'y a ni hôtellerie pour moi, ni relais pour mes bagages, de sorte que je suis obligé de continuer mon chemin. A partir de cet endroit, le pays est un vaste plateau très-bien cultivé, formant, sauf quelques onduiations de terrain, une grande plaine entourée d'un cercle qui paraît ininterrompu, de hautes montagnes : c'est une partie du panorama que j'ai vu du haut du *toghé* de *Tabani*. Vers le nord-est, dominant les hauteurs voisines, se dresse le sommet neigeux de la montagne appelée *Ban Daï San*. Il est midi passé, quand j'arrive au village de *Tòdera* ; mais, hélas ! il n'offre pas plus de ressources que le précédent, et ce n'est qu'à celui de *Banghé*, où j'arrive à une heure passée, que je puis enfin me reposer et prendre un déjeuner dont je commençais à avoir grand besoin.

Au sortir de *Banghé*, le chemin se continuait vers l'est, à travers la plaine. A quatre heures, j'atteignis les bords de la rivière *Ogawa*, coulant du sud au nord, et qui n'est, me dit-on, qu'un affluent de celle de *Ts-Gawa*. Le lit de l'*Ogawa*, encombré de gravier et de gros cailloux, est peu profond mais très-large ; en ce moment, les eaux n'étant pas très-hautes, je pus traverser la rivière sur un pont de bois, qui allait aboutir à une forte digue, très-longue, dirigée parallèlement au courant, et qui, de loin, me semblait être la rive opposée ; mais elle se trouvait, par le fait, au milieu du lit de la rivière. Il est probable qu'elle avait été construite pour protéger les terres contre les inondations, mais que les eaux ayant fini par la contourner, elle ne servait plus à rien maintenant, qu'à encombrer inutilement le lit de la rivière, et à augmenter le mal au lieu de lui porter remède. Les Japonais ont du reste le plus grand soin d'entretenir en bon état les rives de leurs cours d'eau, qu'ils garnissent d'épieus quelquefois sur un long parcours ; ils emploient pour cela deux systèmes : l'un consiste à enfoncer en face des banquettes menacées des troncs de sapin fortement reliés entre eux par des traverses horizontales ; c'est peut-être le procédé le plus dispendieux et le moins solide, ces pieux se pourrissant assez vite et pouvant d'ailleurs être entraînés par le courant ; l'autre système présente, je crois, plus de garantie de résistance ; pour celui-ci , les Japonais commencent par fabriquer avec des bambous fendus et tressés à larges mailles , des espèces de gabions, de un demi mètre à peu près de diamètre et d'une longueur très-variable , qui peut aller jusqu'à 30 ou 40 mètres ; ils les mettent ensuite en place et les remplissent de gros cailloux aussi fortement tassés qu'il est possible ; s'il est besoin , ils disposent les unes au-dessus des autres plusieurs rangées de ces gabions couchés horizontalement , et l'apparence qui en résulte est celle d'un petit ouvrage de fortification.

IV

La ville de Wakamats. — Un château-fort. — Les eaux thermales de Higachiyama. — La mine d'or d'Ichigamore.

Vers quatre heures et demie, je traverse le village de *Takakou*, et deux heures après, j'atteins les premières maisons de la ville de Wakamats , ou pour parler plus exactement, les débris encore fumants d'un des plus grands quartiers de la ville qui venait d'être dévoré par un incendie, deux jours auparavant. Naturellement , il ne reste pas pierre sur pierre , attendu que ce genre de matériaux n'entre jamais dans la construction d'une maison japonaise ; celle-ci est toujours en bois ou en clayonnage de bambous et de roseaux plus ou moins récrépis de terre blanchie ou non à la chaux ; il ne restait des habitations que des fragments calcinés de bois et de tuiles , car les maisons des villes sont assez généralement couvertes de tuiles ; seuls, les *koura* étaient restés debout, intacts. On appelle de ce nom des espèces de magasins à un étage , qui sont spécialement construits pour résister aux incendies. Dans ce but, les Japonais entourent une forte charpente ordinaire , d'une très-épaisse muraille en terre, et la toiture également en terre et très-épaisse aussi , est recouverte de tuiles ; le plus souvent il n'y a qu'une seule porte et une seule ouverture au premier étage ; ces deux ouvertures se ferment hermétiquement, à l'aide de très-épais et très-lourds panneaux en terre, fixés avec des gonds en fer. Vienne l'incendie, on porte aussitôt dans cet abri, toujours à proximité, toutes les choses de valeur, marchandises, etc. on ferme exactement les portes et, pour plus de précaution, on en calfate avec soin les joints avec de la boue. Cela fait, la famille abandonne la place. Ordinairement les flammes entourent ces *kouras* de toutes parts ; mais comme ils ne présentent aucune matière combustible à l'extérieur, ils résistent généralement assez bien à leur action. En raison même de ce que toutes les maisons sont en bois et très-légères, les incendies se propagent au loin très-rapidement, mais aussi l'action du feu est de peu de durée, et s'éteint vite sur place à la façon d'un feu de paille ; c'est ce qui explique que ces *kouras* puissent résister à l'action des flammes, qui n'est jamais bien longue. Leur construction est assez dispendieuse et exige beaucoup de temps, parce qu'il est nécessaire de laisser sécher les couches de terre, avant d'en superposer de nouvelles. Aussi, n'y a-t-il que les marchands et les familles aisées qui peuvent en faire les frais, tandis que les classes pauvres n'en ont pas les moyens. Mais dans les quartiers riches, il y a autant de *kouras* que de maisons, et lorsque celles-ci ont toutes disparu à la suite d'un incendie, il semble de loin que le quartier existe intact. Mais riches ou pauvres, les Japonais s'inquiètent médiocrement d'un incendie, qui n'est jamais pour eux un grand désastre. Dès le lendemain, ils reviennent camper sur l'emplacement de leurs habitations, s'abritant sous des nattes ; vite, les charpentiers se mettent à leur besogne et en quelques semaines tout un quartier est sorti de ses cendres. Cette fréquence des incendies explique l'extrême simplicité des maisons, et l'absence complète de tout mobilier. Lorsqu'un Japonais se construit une habitation, il sait très-bien qu'elle est destinée à brûler dans peu de temps, et par conséquent il fait le moins de dépense possible. Ainsi, il est certain, par exemple, que toutes les maisons de *Yedo*, la capitale, sont régulièrement détruites dans une période qui n'excède pas sept ans.

De là vient aussi, qu'à l'exception de quelques temples isolés, il n'y a aucun monument de quelque antiquité au Japon.

Après avoir traversé ce quartier incendié, au milieu duquel campaient les habitants, j'arrivai au centre de la ville où se trouvait le bureau des relais et où je devais trouver l'adresse de mon hôtelier. En somme, c'est une excellente institution que ces bureaux de relais, où l'on est assuré de trouver hommes et bêtes pour son service et qu'on ne paie guère que le tarif officiel, pour peu que l'on soit employé du gouvernement et que l'on ait l'habitude des voyages ; mais ils ont aussi quelques inconvénients, parmi lesquels il faut compter en première ligne celui d'être pour ainsi dire obligé d'aller loger dans la maison qui est désignée par le chef de bureau, et qui n'est pas toujours la plus convenable. Dans les villages, la chose est très-simple, parce que d'habitude on n'y a pas l'embarras du choix pour les hôtelleries ; mais dans les villes un peu importantes, il n'en est plus de même, surtout si elles sont tant soit peu visitées par les étrangers. Presque toujours il y a un hôtelier de deuxième ou troisième ordre, qui est de connivence avec le chef du bureau, et qui s'assure, moyennant redevance, la clientèle des étrangers ; en effet, il est bien difficile à ceux-ci d'aller courir les rues pour trouver un meilleur gîte, et force leur est, le plus souvent, d'accepter celui qu'on leur indique. Il y a sur toutes les principales routes des hôtelleries de première classe, appelées *hondjin*, établies anciennement par ordre des *Chôgoun* (Taïkoun) (1), et qui étaient reservées aux princes et seigneurs venant à la Cour. Aujourd'hui, elles sont ouvertes à tous ceux qui peuvent et veulent en payer le tarif, et sont généralement préférées par les étrangers ; en deuxième ligne viennent celles appelées *Waki-hondjin* ; mais l'étranger qui ne connaît pas les usages est très-exposé à aller dans des hôtelleries de classe inférieure, où il paie tout aussi cher.

Cette fois, j'eus à subir les ennuis d'une ville importante ; car celle de *Wakamats* est un chef-lieu de *Ken* (district) et

---

(1) Le mot *Taïkoun*, le seul sous lequel les européens connaissent le généralissime du Japon, n'appartient pas à la langue japonaise : la véritable appellation est celle de *Chôgoun*, ou quelquefois celle de *Koubô Sama*.

l'ancienne résidence de l'un dès plus grands princes du Japon,
je dus attendre au bureau des relais que mes bagages fussent
inscrits et que le guide qui devait m'accompagner à mon hôtellerie fût arrivé. Or, les Japonais sont gens peu pressés, et pendant le temps que je perdais à attendre, il s'était formé autour
de moi l'attroupement inévitable des curieux, qui, dans l'intérieur du pays, ne manquent jamais l'occasion de venir contempler un Européen. Or, bien qu'en général ils soient fort
discrets, on finit par être ennuyé de jouer le rôle de phéno-
mène en exhibition publique. Il est vrai que pendant ce voyage,
mon jeune chien de chasse me rendait le service d'attirer sur lui
seul la plus grande partie de l'attention du public, en raison de
ce qu'il était entièrement different du type des chiens japonais.
Ceux-ci sont d'une espèce à long poil, à museau un peu effilé,
à oreilles courtes et dressées, à la queue très-ramue, et assez
semblables aux chiens indigènes de l'Algérie. Le mien au con-
traire était un chien d'arrêt, à poil ras, blanc, coiffé de noir ;
mais ce que les Japonais trouvaient surtout de merveilleux en
lui, c'étaient ses longues oreilles pendantes (*oki mimi*), et sa
queue droite en forme de cravache. Dès qu'il apparaissait à
l'entrée d'une rue ou d'un village, j'entendais s'élever de tous
côtés les cris de : *Komir ! komir !* dont j'ai été longtemps à trouver la signification. J'ai fini par découvrir que cette appellation
vient de ce que les Japonais ont toujours entendu les Anglais
appeler leurs chiens en leur criant : *Come here !* (viens ici),
d'où ils ont conclu que tous les chiens européens devaient s'appeler *Komir*. Du reste, mon animal recevait les bénéfices de la
curiosité qu'il inspirait ; il recueillait force boules de riz cuit,
qu'on ne lui offrait toutes fois qu'avec précaution, car on n'était
pas loin de le prendre pour une bête féroce, bien qu'il fût aussi
inoffensif que poltron.

Il commençait à être tard, quand je fus installé dans mon
hôtellerie, où je trouvai à augmenter le menu de mon dîner
d'une salade de pommes de terre, d'œufs durs et de saumon
salé. A ce propos, je dois dire que le saumon (*chake*), qui, à
l'état de salaison, prend le nom de *chiobiki,* est un objet de
très-grande consommation au Japon ; on le pêche en quantité

eonsidérable, surtout dans les provinces du Nord , et le seul port d'*Hakodate* en exporte tous les ans des cargaisons entières ; l'hiver précédent, j'avais été témoin de cette pêche à l'embouchure de la rivière de *Sinanogawa*, à *Niigata* même.

Le 15 mai, je m'informai s'il y avait quelque chose d'intéressant à voir dans le pays, et on me signala, comme digne de mon attention, le château-fort de la ville, et ensuite des eaux thermales et une mine d'or qui se trouvaient dans les environs. En conséquence, je différai l'heure de mon départ, pour visiter toutes ces choses , et mon hôtellier s'offrit pour me servir de guide et de cicérone. Je me mis en route de suite pour aller voir le châ · teau qui était le plus près, à trois ou quatre cents mètres seulement au sud de la ville. Celle-ci, que je dus traverser dans toute sa longueur, n'offrait absolument rien de remarquable ; il y avait peu de boutiques, peu d'animation dans les rues , et il y régnait un certain air de gène et de misère. Sa situation à la jonction d'une grande plaine avec le pied des montagnes est pourtant assez favorable. Mais elle est éloignée des centres du commerce, les moyens de communication sont difficiles, le château n'abrite plus un puissant seigneur avec son entourage d'officiers et de serviteurs ; il est plus que probable que toutes ces raisons contribuent à rendre la ville de *Wakamats* bien inférieure à la réputation de splendeur et d'importance dont elle jouissait dans les anciens temps.

Une belle avenue conduit au château , facile à distinguer de loin à la quantité de grands arbres qui ombragent ses remparts. Je n'ai pas encore franchi la première enceinte que j'ai pu constater que, par l'ensemble de ses fortifications, ce château est tout-à-fait semblable à ceux que j'ai déjà eu l'occasion de voir, tels que ceux d'*Odawara*, d'*Osaka*, de *Tukasaki* , etc. De fait, quand on en a vu un, c'est comme si on les avait tous vus, tant ils sont tous taillés sur le même patron. Les châteaux-forts impériaux même , tels que ceux de *Kioto* et de *Yedo* , ne diffèrent des autres que par de plus vastes proportions. Mais tous portent le même nom de *Ochiro*.

Or donc, le château de *Wakamats* , comme tous les autres, se compose d'abord d'un premier rempart, formant l'enceinte extérieure, entourée d'un fossé qui, en ce moment, n'est qu'un bourbier recouvert d'herbes aquatiques. J'évalue son périmètre à douze ou quinze cents mètres. La maçonnerie des remparts, peu élevée d'ailleurs, est remarquable en ce ce qu'elle est toute en pierres de tailles, sans le moindre ciment; de plus, il n'y a pas une seule pierre qui ait une forme géométrique régulière, mais chaque bloc est spécialement taillé pour la place qu'il occupe et s'ajuste parfaitement avec les voisins, quelle que soit leur coupe; en somme, c'est le système Cyclopéen. Ces remparts n'ont aucune tour, et c'est à peine s'ils présentent quelques angles saillants et rentrants disposés, semble-t-il, un peu au hasard; leurs arêtes sont faites en énormes blocs de granit, taillés avec plus de soin, mais plus irrégulièrement que les autres; aucune de ces arêtes n'est perpendiculaire; elles sont toutes fortement inclinées vers l'intérieur pour offrir plus de résistance à la pression des parapets en terre. La grande porte d'entrée est formée d'énormes pièces de charpente encastrées dans la maçonnerie et qui supportent deux lourds battants tout bardés de fer. La deuxième enceinte ne diffère pas sensiblement de la première, et entre les deux et jusques sur les parapets se trouvent des arbres séculaires formant un rideau de verdure qui masque, du dehors, la vue de l'intérieur du château. Je pénètre enfin dans une troisième enceinte, dont les remparts sont plus élevés et au centre de laquelle se trouve un édifice à cinq étages qui était la demeure du prince d'*Aidzou* (nom tiré du district sous sa juridiction). Pour arriver à cette demeure seigneuriale, je suis obligé de prendre plusieurs petits chemins détournés, de monter par divers escaliers, et enfin de traverser un long bâtiment qui était, me dit-on, le logement ou caserne des officiers et soldats de service; c'est ce qui explique la difficulté qu'il y avait à pénétrer, par un coup de main, jusqu'à la personne du prince.

Cette construction centrale qui, vue de loin, représente assez bien un petit palais, ou plutôt une pagode à cinq étages, n'est en réalité qu'une grosse charpente, solidement établie et entourée d'un léger clayonnage récrépi d'un peu de terre blanchie à la chaux, et sauf les dimensions, ne diffère pas beaucoup de la plus petite maison bourgeoise; mais ses grandes proportions et ses cinq étages, lui donnent de loin une apparence pittoresque.

Mon guide s'acquitte , je trouve , avec un peu trop de zèle de ses fonctions, et ne me fait pas grâce d'un étage ; il s'arrête à chaque instant pour me faire remarquer la trace des boulets qui ont défoncé les planchers , crevé les toits et mis en pièces les revètements extérieurs : « *Iksa ! iksa !* (la guerre) » s'écrie-t-il chaque fois qu'il me montre une de ces plaies béantes de l'édifice , avec un véritable accent de tristesse parti du fond du cœur. On eût dit que chacune de ces blessures l'avait frappé lui-même en pleine poitrine. Mais je n'avais guère besoin de ses explications , car la désolation de ces lieux parle assez haut d'elle-même. La guerre est bien le même fléau partout et pour tous ; ici , à voir les ruines entassées dans cette solitude , les murs criblés de balles , les boulets enfoncés dans les boiseries , on croirait volontiers que c'est une armée civilisée qui est passée par là ; il n'en est rien. Le château défendu par les partisans du *Taïkoun*, a soutenu en 1868 un siége contre les soldats du *Mikado* , et voilà ce que ces derniers , pourtant à demi-barbares , en ont fait. Depuis cette époque, le château est désert ; seuls les arbres séculaires continuent à couvrir de leur ombre ces ruines que les herbes sauvages n'ont pas encore réussi à cacher sous leur verdure. Parmi ces herbes , je vis quelques Dents de Lion , à fleurs blanches (*Tampopo* des Japonais) ; comme c'était les premiers échantillons que je voyais à l'état sauvage, j'en emportai quelques-uns , et je sortis du château en pensant que je venais de voir les ruines d'un des derniers refuges de la seule féodalité qui fût au monde il y a quelques années.

Ma seconde visite fut pour les eaux thermales, qui se trouvaient à une lieue de distance de la ville , vers l'est, dans une gorge de la montagne. Après avoir suivi quelque temps un joli torrent d'eau très-limpide , j'arrivai au village de *Higachiyama*, où se trouvent les établissements de bains. Ce village se compose d'une trentaine de maisons de thé , ayant chacune , au rez de chaussée, des piscines d'eau thermale. Toutes ces maisons étaient d'une propreté remarquable et possédaient tout le luxe et tout le confortable des mœurs japonaises. De tous côtés , on entendait résonner les *samisen*, espèce de guitare dont les cordes sont mises en vibration à l'aide d'une plaque triangulaire d'ivoire qui est le vrai *Plectrum* des Grecs et des Latins. Dans ce genre d'établissement, ce sont des chanteuses de profession, appelées *Gueychas*, qui jouent de ces instruments, au grand plaisir des habitants japonais ; mais la vérité est qu'une oreille européenne est mise à une rude épreuve par ces horribles cacophonies, qui forment tout le fond de la musique japonaise.

J'entrai successivement dans trois de ces établissements ; j'allai de suite à la source qui alimentait les piscines, et qui était dérivée de la source d'origine, qui se trouvait, me dit-on, beaucoup plus haut dans la montagne. Mon thermomètre me donna une moyenne de 56° centigrades pour ces eaux, qui ne fournissaient d'ailleurs aucun indice de minéralisation ; elles étaient complétement inodores et insipides, sans le moindre dégagement de gaz, et me rappelèrent celles que j'avais vues à *Miaisochita*, dix-huit mois auparavant. Je passai sur le bord opposé du torrent où se trouvaient aussi quelques établissements, dans l'espoir de trouver des sources d'une nature différente ; mais c'étaient bien les mêmes, et je jugeai inutile d'en prendre des échantillons. Cependant, ces eaux jouissent dans le pays d'une assez grande réputation, particulièrement pour les cures des douleurs, plaies, dartres, etc. Il est possible, en effet, qu'elles aient quelque efficacité dans les affections cutanées, ne fût-ce que par l'état de propreté résultant de bains fréquents et prolongés. Quant aux douleurs musculaires ou autres, elles peuvent très-bien les soulager, sinon les guérir complétement, rien que par leur thermalité élevée ; car il faut se rappeler que les Japonais ont pour habitude de prendre leurs bains à une température de 40 à 45° centigrades, et qu'ils peuvent les supporter des heures entières. On a vu des choses extraordinaires en ce genre, entre autres, celles-ci : un négociant de *Yokohama* se trouve passer vingt-quatre heures seulement aux eaux sulfureuses d'*Achinoyou*, près d'*Hakoné*. Il avait avec lui un domestique souffrant de douleurs générales et à qui son médecin japonais avait recommandé de prendre douze bains d'une heure chacun, sous peine de n'être pas guéri. Cet homme sachant que son maître devait partir le

lendemain , trouva néanmoins le moyen de remplir la prescrip-
tion. Pour cela , il se plongea jusqu'au cou dans la piscine à 43°
centigrades, et y resta douze heures consécutives sans en sortir.
Il s'en alla guéri , dit-on ; le fait est qu'il doit y avoir des douleurs musculaires ou autres incapables de résister à un pareil
traitement; seulement, il faut être Japonais , pour avoir l'idée
et surtout la force de le supporter.

Comme installation, je remarquai à *Higachiyama* , une grande
différence avec ce que j'avais vu , en 1872 , à *Achinoyou* et à
Atami. Dans ces dernières stations , ainsi que j'ai déjà eu l'occasion de le raconter , les baigneurs se mettent dans la même
piscine , sans distinction d'âge ni de sexe , et le plus souvent à la
vue du public. Je constatai qu'il n'en était pas de même ici , où
il y avait des établissements spéciaux pour les hommes, et d'autres pour les femmes ; de plus , toutes les piscines étaient closes,
bien que , parfois, il fût possible aux passants d'apercevoir les
baigneurs à travers les barreaux. Ces précautions ne sont nullement dans les habitudes japonaises et n'ont été prises que par
ordre de l'autorité.

De retour à mon hôtellerie , je fis faire les préparatifs de
départ pendant que je déjeunais à la hâte, désireux que j'étais
d'aller visiter le jour même la mine d'or, dont on m'avait parlé.
Comme celle-ci se trouvait à environ une lieue de distance sur
la gauche de ma route , j'expédiai directement tous mes bagages
sur le village où je devais passer la nuit. Il était une heure et
demie de l'après-midi, lorsque je quittai la ville de *Wakamats*,
et je n'arrivai qu'à trois heures pássées à l'endroit appelé *Ichigamore*, où se trouvait la mine d'or. Celle-ci est à une assez
grande élévation dans la montagne, et pour y arriver, j'avais
été obligé de faire de nombreux détours, par des sentiers souvent escarpés ; elle est située à quelque distance au sud de la
montagne *Baudaï San*, que je voyais alors dans toute son étendue. L'installation des bâtiments était rien moins que grandiose
et se composait seulement d'un hangard et de trois maisonnettes,
dont une assez propre était l'habitation du chef. Celui-ci était
un jeune homme qui m'accueillit d'assez bonne grâce , et après
que je me fus reposé un instant chez lui, il m'accompagna dans

le hangard voisin, qui était l'atelier de lavage du minerai. L'or se trouve ici à l'état natif, mêlé à une gangue blanchâtre , mais en paillettes si petites qu'il est difficile de les apercevoir ; le procédé d'extraction est le suivant :

Le minerai apporté en fragments gros en moyenne comme le poing, est d'abord calciné en plein air à l'aide d'un feu de bois ; par cette opération qui, je pense, n'a pas d'autre but que celui de le dessécher, il perd une partie notable de son poids ; il est alors cassé en plus petits fragments et ensuite réduit en poussière. Une troisième et dernière opération consiste à laver cette poussière et constitue la partie la plus intéressante du procédé. Dans un petit hangard destiné à ce lavage, se trouvent disposées sur un même rang, et élevées d'un mètre environ au-dessus du sol, six petites meules horizontales en pierre, assez semblables à ces moulins à main, dont se servent les Arabes d'Algérie pour faire leur farine. Ces meules, un peu concaves en dessous , tournent sur un plateau également en pierre , dont la face supérieure est légèrement convexe ; et elles sont mises en mouvement à l'aide de deux bâtons fixés à une sorte de bielle. Chaque meule est percée d'un trou à son centre, dans lequel arrive un filet d'eau provenant d'un tuyau en bambou, qui traverse à une certaine hauteur toute la longueur du hangard. Une femme, tenant un des bâtons à chaque main, imprime à la meule un mouvement de rotation assez accéléré ; à côté d'elle se trouve un baquet rempli de poussière de minerai ; et de temps en temps, elle en verse plein une cuillerée de bois dans le trou central de la meule. Le filet d'eau qui tombe dans le même trou, délaye cette poussière, et, par l'effet du mouvement de rotation finit par l'entraîner au-dehors , de la même manière que la farine s'échappe de nos moulins ordinaires. La poussière ainsi entraînée est reçue sur une planchette de bois disposée en plan incliné et portant sur sa surface des rayures peu profondes dessinant des lozanges ; un courant d'eau continu , fourni par la meule et par un petit tuyau de bambou, placé exprès, parcourt la surface de cette planchette, entraînant toute la poussière. Mais les petits grains d'or sont retenus au passage, à cause de leur plus grande densité, dans les rayures, et les débris seuls de la gangue sont entraînés jusqu'à terre ; l'ouvrière , pendant qu'elle fait tourner la meule , surveille l'opération , et quand elle juge qu'il y a assez d'or arrêté sur sa planchette , elle va la secouer au-dessus d'un baquet *ad hoc*, qui contient un peu d'eau ; les paillettes d'or se détachent et tombent au fond de ce baquet, d'où on les retire plus tard. Il me fut facile d'en recueillir un peu , à l'aide d'une tasse à thé, et de m'assurer que le produit était une vraie poudre d'or sous forme de paillettes brillantes très-petites. En résumé, ce procédé d'exploitation ne diffère pas essentiellement du lavage des sables aurifères , sauf qu'ici on est obligé de préparer mécaniquement ce sable qui est fourni par le minerai calciné et réduit en poussière.

L'exploitation est d'ailleurs peu importante, puisque six femmes suffisent au lavage du minerai ; celui-ci est extrait d'une galerie creusée dans le sommet du mamelon qui domine les habitations ; l'entrée de cette galerie , juste assez haute et assez large pour laisser passer un homme , est formée par quelques rondins de bois mal ajustés. Je fis quelques pas dans cette galerie très-étroite et s'enfonçant horizontalement dans la montagne ; mais elle s'enfonçait bientôt dans le sol par une pente assez roide ; une mauvaise lampe placée à terre et consistant dans une écuelle pleine d'huile, dans laquelle brûlait une mèche fumeuse, ne réussissait nullement à dissiper l'obscurité ; l'eau suintait de tous côtés et je marchais dans une boue épaisse. Un courant d'air glacial, venant des profondeurs de la galerie, se précipitait vers l'ouverture d'entrée , et, comme j'étais en transpiration , je me sentais frissonner. Aussi je jugeai imprudent d'aller plus loin dans ces conditions , et je m'empressai de regagner le grand air. On me dit qu'on occupait jusqu'à quarante hommes pour l'extraction du minerai. Cette fois, j'aimai mieux le croire que d'aller les compter. Revenant sur mes pas, je pris congé du chef de l'exploitation à qui je donnai un petit *kinsats* (papier monnaie), sous prétexte de pourboire pour ses ouvriers, et qui s'empressa de reconnaître ma générosité, en me permettant d'emporter quelques morceaux de minerai, et en me donnant un guide pour me conduire à travers les bois que j'avais à traverser pour rejoindre la route ordinaire. Il était déjà cinq heures , lorsque j'arrivai au village d'*Akaye*, et après avoir gravi une côte assez longue et assez roide, je me trouvai sur un assez large plateau, se dirigeant vers le sud-est ; il était entièrement cultivé en rizières, que l'on commençait seulement à mettre en état. Le chemin était très-uni, traversant quelques jolis hameaux , à demi-cachés dans des bouquets d'arbres. Bien que déjà un peu fatigué, je dus hâter le pas, car je sentais l'air plus que frais, à cause de la neige qui , à droite et à gauche, remplissait encore les ravins des montagnes très-voisines ; du reste, il m'était aisé de m'apercevoir que, en cet endroit, la végétation était moins avancée , en raison de l'abaissement de température dû à l'altitude. C'est à peine, par exemple, si les pêchers et les poiriers commençaient à être en fleurs , tandis que dans la plaine de *Niigata*, celles-ci étaient déjà passées depuis assez longtemps, au moment de mon départ.

V

Encore une ville incendiée. — Le lac d'Inachiro. — La grive. — Le télégraphe. — Le désert d'Ohodawara. — Les champignons du Japon. — Horticulture nationale.

J'arrive enfin vers les sept heures du soir , au village d'*Ara* , où je dois passer la nuit ; mais quel n'est pas mon désappointement en m'apercevant qu'il ne reste plus rien de ce village que des cendres. Un incendie a tout détruit la veille, et je vois, selon l'usage, la population camper, faisant cuire le riz en plein air et s'abritant sous des nattes en guise de tente. J'ai beau chercher du regard , je ne vois pas une seule maison debout, et je commence à craindre d'être obligé de camper à mon tour. Quant à des *Kouras*, il n'y en a pas dans d'aussi pauvres localités ; heureusement on vient me dire qu'à l'autre extrémité du village et abritées par des massifs de verdure, qui m'en cachaient la vue, il reste encore trois maisons intactes, dont une assez grande dans laquelle se trouvent mes bagages. J'y cours et je constate que la maison est assez grande en ·effet, mais dans un bien mauvais état ; ce n'est, à vrai dire, qu'une pauvre chaumière ouverte à tous les vents ; il y a cependant une place qui ressemble à une chambre, ayant le plancher couvert de vieilles nattes, usées et noircies par le temps et sur lesquelles des générations avaient du naître et mourir. Il n'y a ni plafond ni rien qui en tienne lieu, et je n'ai au-dessus de la tête que le toit de chaume. Je ne suis séparé de mes domestiques et des gens de la maison que par des écrans de papier de quelques pieds de hauteur, et percés de grands trous, par lesquels des enfants ne cessent de passer la la tête pour m'observer plus à leur aise. N'importe, je suis encore heureux d'avoir cet abri, d'autant plus que la pluie commence à tomber assez fort. Je m'empresse de faire mettre le couvert, ce qui, comme d'habitide, consiste à mettre un plateau sur une caisse. Mes hôtes ne peuvent me fournir que du riz, et, pour ce soir-là, je suis obligé de vivre aux dépens de mes provisions, à l'exception de mon potage ordinaire qui consistait en une soupe aux herbes de l'invention de mon domestique. Celui-ci ne manquait jamais de récolter, le long du chemin, quelques poignées d'herbes des champs, parmi lesquelles figuraient invariablement le pissenlit (*Tampopo*), l'oseille sauvage (*Katabami*), et une espèce de cresson (*Midzouna*), sans compter plusieurs autres, que je ne connaissais pas. Aussitôt arrivé, il faisait cuire le tout avec un peu de graisse et de sel, en y ajoutant ce qu'il pouvait se procurer de légumes, tels que raves (*Daïkou*) variété du *Raphanus sativus*, ail (*Ninnikou*), oignons (*Negni*), carottes (*Nin jïn*), et parfois des pommes de terre (*Jagatara Imo*, c'est-à-dire, racine de Batavia, appelée ainsi, parce que elle aurait été importée par les Hollandais) ; enfin, mon domestique ajoutait à tout cela une poignée de riz (*Kome*, riz blanc, et *Mechi*, riz cuit). Je n'oserais pas affirmer que cette préparation culinaire eût été très-appréciée en France, mais pour moi elle ne manquait pas de mérite. D'ailleurs, elle m'était toujours servie à la fin d'une journée de marche pénible, et la faim aidant, je faisais honneur à la julienne de mon cuisinier, ce dont il paraissait très-fier.

Le lendemain matin, 16 mai, je fais mon possible pour partir de honne heure, car bien que la veille je n'aie guère cessé de marcher du matin au soir, je n'ai avancé en réalité que de trois lieues vers le but de mon voyage. Mais je me donne une peine inutile, et je crois même que, si je n'étais pas fonctionnaire du gouvernement, j'aurais de la peine à trouver des conducteurs pour mes bagages. En effet, tous les villageois sont occupés à reconstruire leurs maisons incendiées, ce qui probablement sera fini en quelques jours, car la forêt n'est pas loin et tout Japonais est charpentier de naissance.

Le chemin est assez beau et uni ; bientôt je rencontre sur mes pas une culture que je n'avais vue que de loin, les jours précédents. Abritées sous des nattes de paille de riz, se trouvent des rangées de plantes encore jeunes, que les Japonais appellent du même nom que la carotte (*Nin-Jin*), mais qui ne sont autres que le *Gin seng* des Chinois (*Panax quinquefolium*, des Araliacées). Cette plante n'est, je crois, cultivée que dans les provinces du nord du Japon, et les habitants lui attribuent des propriétés excitantes et toniques.

Je ne tarde pas à retrouver les sentiers escarpés, suivant le bord des torrents et tracés sur les flancs sinueux des montagnes à travers les forêts et les fourrés. Comme toujours dans ce pays, les points de vue sont magnifiques et les montagnes admirablement boisées ; malheureusement elles sont trop abruptes, et par conséquent, n'offrent aucune ressource à l'agriculture. Les villages sont rares, peu populeux; et ce n'est que de loin en loin que l'on rencontre quelques lambeaux de culture dans le fond des petites vallées. Comme je l'ai déjà signalé l'an dernier, un silence presque absolu règne dans ces solitudes ; il n'est guère troublé que par le bruit monotone des torrents et, parfois, le cri aigu de quelque grive ; car c'est le seul oiseau que j'entrevoyais de temps en temps ainsi que celui d'une autre espèce qui a bien le chant le plus singulier que l'on puisse imaginer : il débute par un trille très-rapide et brillant ; attaqué avec force et prolongé, il se ralentit peu à peu, lentement, et se termine par deux notes à intervalle de quarte, s'espaçant et s'affaiblissant de plus en plus jusqu'à extinction de la tirade. Cet oiseau, autant que j'ai pu en juger à distance, car il paraît fort craintif, est à peu près de la taille d'une calandre et d'un plumage peu brillant. Je ne l'ai jamais vu en cage nulle part, et ne l'ai entendu qu'au fond des forêts.

Il est huit heures et demie, lorsque après une marche pénible, je me trouve encore sur une crète qui est le *toghé* appelé *Sougoumoré*. De cet endroit on découvre une très-grande étendue de pays, avec tous les effets imaginables de montagnes et de ravins. Mais droit devant moi, à l'est et un peu au nord, j'aperçois, par-dessus les monts, une vaste surface unie, que tout d'abord je prends pour un nuage couvrant une plaine. Mon domestique me dit que c'est *O-oumi*, c'est-à-dire la mer, ce qui m'étonne fort, car d'après mon itinéraire, je dois me trouver trop loin de l'Océan Pacifique, pour pouvoir le découvrir. Ce n'est que le grand lac de *Inabachiro*, qui ressemble assez à une petite mer intérieure. Il est remarquable, me dit-on, et j'aurais grande envie d'aller le visiter; malheureusement, il me faudrait deux ou trois jours pour cela, et je réfléchis que, après six jours de route, j'ai encore plus de cent lieues à faire. Avant de quitter la hauteur où je me trouve, je constate que le col de *Sougoumoré* et la chaîne dont il fait partie, forment le point culminant de partage des eaux. Jusque-là, je n'ai fait que m'élever de plateau en plateau, de crète en crète, et les cours d'eau que je rencontrais, se dirigeaient vers le nord ou nord-est, pour aller se jeter dans la mer du Japon. Désormais, je n'aurai plus qu'à redescendre le versant des montagnes qui regarde le Pacifique, vers lequel tous les cours d'eau iront aboutir.

Une demie heure après, j'arrivais, par une pente assez douce, au village de *Akadzou*, n'ayant pas tout à fait encore parcouru trois lieues depuis mon départ. Pendant que l'on charge mes bagages sur de nouveaux chevaux, je vois passer un homme qui porte un panier de poissons, tout frais, sortant de la rivière voisine. C'est une espèce de poisson blanc, de la taille de nos barbeaux et appelé *Ayou*. Je ne perds pas une si belle occasion de mettre sous la dent un peu de viande fraîche, si blanche soit-elle, et bien que ce ne soit ni l'heure, ni le lieu de mon déjeuner, je fais acheter une bonne friture que j'emporte avec moi.

Je traverse ensuite le village de *Foukara*, et j'arrive avant midi à celui de *Miyò*, où je m'arrête pour me reposer et manger ma friture. Pendant qu'on la prépare, je m'asseois dans le petit jardin que toute auberge, voire même toute maison japonaise possède, et mon attention est attirée par l'aspect brillant du sable qui entoure quelques vases de fleurs. Ce sable est formé en grande partie par de petits cristaux cubiques, d'un minérai d'un beau jaune très-luisant, que je suppose être une pyrite ferrugineuse, un bisulfure de fer probablement. Beaucoup de ces cristaux sont d'une forme géométrique parfaite, et je m'amuse à en choisir quelques-uns. Ce que voyant, mon hôtelier me dit que je peux en prendre à discrétion, car ce n'est pas cela qui manque dans le pays; en effet, à deux lieues du village, il y a des mamelons et des collines entières, formées de ce minéral, dont on ne se sert pour rien, si ce n'est parfois pour sabler les allées ou saupoudrer les vases qui contiennent des fleurs. Comme cela me prendrait trop de temps pour aller visiter cet endroit, je profite de la permission de mon hôte pour prendre un échantillon.

Parti de *Miyò* à une heure et demie, j'arrive un peu après trois heures à une crète ou *toghé*, que l'on me dit être la limite entre les pays d'*Aidzou* et de *Otchou*. Ce n'est, je pense, qu'une manière de parler; sans doute, le pays d'*Aidzou* qui est le district dont *Wakamats* est le chef-lieu, finit en cet endroit; mais ce district lui-même fait partie de la grande province d'*Otchou*, qui n'est autre que celle de *Moutsou*; car il faut savoir que les provinces du Japon ont toujours deux noms: l'un qui est le vrai nom Japonais et l'autre qui est en général formé par la première syllabe du mot prononcé à la chinoise et suivie du mot *Tchou* (en chinois *tcheou*), qui signifie province. C'est ainsi, par exemple, que la province de *Yetchigo*, s'appelle aussi *Yetchou*, celle de *Kodzouke*, *Djochou*; celle de *Simodzouke*, *Yuchou*, et ainsi de suite. Ces derniers noms, dérivés du chinois, sont plus fréquemment usités que les autres, au moins dans la classe des gens d'affaires, et parmi les gens qui se piquent de parler un langage relevé, ce qui consiste à employer le plus possible de mots chinois. A l'endroit de la limite, sur les bords du chemin, sont plantés deux gros poteaux carrés, sur lesquels sont écrites en gros caractères les indications qui intéressent les voyageurs. Du reste, des poteaux semblables se trouvent à l'entrée des villages et aussi à la bifurcation des routes, ce qui témoigne d'une certaine sollicitude de l'autorité pour les voyageurs A partir de ce *toghé*, qui borne le pays d'*Aïdzou*, je descends peu à peu vers le sud-est, par un sentier passable, bien que parfois très-encaissé, et traversant souvent des sites aussi pittoresques que sauvages. Je ne fais que traverser le village de *Seichido*, pour changer de relais, et j'arrive vers six heures à celui de *Yougawa*, pour y passer la nuit.

17 mai. Le pays n'offre rien de bien particulier à noter; c'est toujours la même série de vallons et de hauteurs, coupés à chaque pas de ruisseaux et de torrents. Toutefois, j'éprouve moins de fatigue que les jours précédents, ayant plus à descendre qu'à monter. Je remarque que l'altitude diminuant et les montagnes étant moins escarpées, l'agriculture semble plus développée, de même que les villages sont moins rares et plus peuplés. Je traverse successivement ceux de *Maghi no Ochi* et de *Kamigoya*, pour m'arrêter à celui de *Itoyò*, où j'arrive à midi, ayant fait quatre lieues et demie depuis le matin. Dans ce trajet, j'ai rencontré de nombreuses troupes de chevaux, marchant en petites caravanes; dès que leurs conducteurs m'apercevaient, ils se rangeaient de côté, pour me laisser le passage libre; étaient-ils montés sur leurs chevaux, ils descendaient à la hâte, tout cela, parce que de tout temps au Japon, les gens du peuple ont été obligés de se garer sur le passage des officiers, et même de se prosterner à genoux. Aujourd'hui, ils n'y sont plus obligés, mais l'habitude est tellement enracinée, que dans l'intérieur du pays, les gens se comportent encore à peu près comme par le passé, et même vis-à-vis des étrangers, qu'ils savent être le plus souvent des employés du gouvernement. Par exemple, il n'en est pas de même dans les environs de *Yokohama* et des autres ports ouverts aux Européens. Il n'est pas rare d'y rencontrer des gens qui non-seulement ne sont pas polis, mais qui

même sont parfois insolents, pour peu qu'ils appartiennent à la classe des *Samouraï*; il faut même dire que ceux-ci n'ont pas encore tout-à-fait renoncé à leur ancienne habitude de découper de temps à autre un Européen, avec leur grand sabre. C'est ce qui vient d'arriver encore dernièrement à *Hakodate*, où le vice-consul allemand à été ainsi tué par un *Samouraï*, qui désirait s'entretenir la main.

Avant d'arriver à *Itoyô*, et pendant que je cheminais seul avec mon domestique, trois jeunes gens courant à toute vitesse nous rejoignirent; ils paraissaient fort animés et se disputaient à propos de quelques *Kinsats*, que l'un deux tenait dans sa main, et que mon domestique lui avait donnés au village précédent, pour le transport de mes bagages. Ils interpellèrent mon domestique, qu'ils parurent prendre pour juge de leur différend, dont je ne compris pas bien le motif; tout-à-coup, l'un d'eux, de grande taille, s'élança sur celui qui tenait les *Kinsats*, pour le frapper d'une faucille qu'il avait à la main, et l'eût sans doute tué sur place, s'il n'eût été retenu. Ils finirent cependant par rebrousser chemin tous ensemble et j'ignore ce qui se passa après. Mais, le lendemain, j'appris que l'un des trois avait été assassiné pendant la nuit, et je ne doutai pas que ce ne fût à la suite de cette affaire de mes *Kinsats*.

Je continuai ma route après avoir déjeuné au village de *Itoyô*. Le pays changeait notablement d'aspect; à mesure que je laissais les hautes montagnes derrière moi, je voyais une beaucoup plus grande étendue de sol cultivé; mais néanmoins, il y avait encore de vastes espaces en friche, bien que fertiles et facilement irrigables, d'où il fallait conclure que les bras manquaient pour travailler la terre. Après plus d'une heure de marche, je me trouvai dans une assez large vallée, et tout à coup mon sentier déboucha sur une grande route, passablement entretenue, assez large et à peu près semblable à nos routes départementales. Pour compléter la ressemblance, il y avait tout le long une ligne de télégraphe électrique. N'eût été l'aspect du pays et le costume des passants, à la vue de ces poteaux et de ces fils de fer, je me serais cru volontiers sur une de nos routes de France. J'étais seulement sur la route appelée *Otchou Kai dô* (c'est-à-dire, route des mers d'*Otchou*), l'une des principales du Japon, et allant de *Yedò* dans les provinces du Nord. Quant au télégraphe, il venait d'être posé il y avait peu de jours, et la ligne n'était pas encore finie.

Le temps était chaud et lourd, et de gros nuages amoncelés présageaient un orage prochain, et comme la ville de *Chiragawa* n'était plus bien loin, je hâtai le pas de mon mieux. Bientôt le tonnerre gronda au-dessus de ma tête, comme j'arrivais à une espèce de tête de pont, qui était l'entrée des faubourgs de la ville. Au moment où j'atteignais les premières maisons, l'orage éclata avec violence; tout d'abord de gros grêlons, chassés par un fort coup de vent, tombèrent dru sans une goutte d'eau; mais bientôt survint une pluie torrentielle. Je n'eus que le temps de me réfugier dans la première maison venue, qui se trouva être celle d'un pauvre vannier, et j'attendis là que l'orage fût passé. Dès que la pluie eut cessé, je traversai le faubourg séparé de la ville par une petite rivière, et je me mis en quête d'un gîte pour la nuit; mais *Chiragawa* étant le chef-lieu du district, j'eus encore les ennuis ordinaires; il me fallut traverser toute la ville pour aller jusqu'au bureau de relais, et ce ne fut pas chose facile que de faire régler mes affaires. La rue était encombrée de chevaux et de marchandises. C'était une cohue et un désordre complet. Enfin, un émissaire du bureau vint me prendre et me conduire à mon hôtellerie qui se trouva être assez convenable, et où je pus me procurer quelques provisions, autres que les œufs et les champignons quotidiens. On m'offrit entre autres un superbe poisson de mer, parfaitement frais, car il était conservé dans la neige; et c'était un vrai luxe, car la côte du Pacifique est encore à plus de vingt-deux lieues de distance. Ce poisson était un *Taï (Serranus marginalis)*, espèce très-estimée sur les côtes de Chine et du Japon, et dont je fis ce soir-là un ample régal.

La ville de *Chiragawa* avait un aspect beaucoup plus animé que celle de *Wakamats*, et me parut très-commerçante, ce qui doit tenir à sa situation sur une grande route très-fréquentée; elle n'est cependant pas très-grande et ne se compose guère que de trois longues et larges rues, entourées de quelques pauvres faubourgs. Il y a aussi un château, aujourd'hui abandonné et ruiné comme tous les autres, et qui n'offre de remarquable que des arbres gigantesques, jusqu'alors respectées par la hache et les boulets. J'aurais eu assez de temps pour le visiter, mais le sol était détrempé, j'étais un peu fatigué aussi, de sorte que je me décidai à me reposer de bonne heure.

Le lendemain, 18 mai, je sortis de la ville de *Chiragawa* un peu après sept heures, et je suivis la route de l'*Otchoukaïdo*, se dirigeant vers le sud. Le pays n'était déjà plus celui des jours précédents; je n'avais plus de montagnes à gravir ou à descendre, plus de ravins à suivre dans leurs sinuosités. La campagne ne présentait que des ondulations de terrain peu élevées, couvertes de quelques cultures et de beaucoup de bois taillis. Bien que la route laissât à désirer en quelques endroits, elle était assez large et praticable pour les voitures à bras. Je rencontrai même quelques Japonais qui ne craignaient pas de se faire voiturer ainsi, en dépit de terribles cahots; pour moi, j'aimais encore mieux me servir de mes jambes, grâce auxquelles je voyageais tout aussi vite et avec plus de sécurité. Je me croisai avec un Japonais, qui, habillé à la mode européenne, ne pouvait être qu'un officier du district. Il passa d'abord sans rien dire, mais, après quelques pas, la réflexion lui vint, sans doute, qu'il ne faisait pas son devoir en ne s'assurant pas de mon identité et des droits que je pouvais avoir de voyager dans le pays. Il rebroussa donc chemin et vint demander à mon domestique des explications qu'il dut trouver satisfaisantes, car il se contenta de me saluer et poursuivit son chemin vers la ville.

Pour la première fois, je trouvais la route un peu monotone; peut-être était-ce à cause de la ressemblance avec une route d'Europe, ayant ses fossés de chaque côté, ses remblais et surtout son interminable fil électrique. Tout cela me gâtait mon paysage japonais, si bien encadré dans ces grandes chaînes de montagnes qui fermaient l'horizon de tous côtés, excepté vers le sud. Les grandes routes et encore moins les chemins de fer ne conviennent à ce pays qui demande à être vu en détail, à loisir, par les sentiers des montagnes. Je parle, bien entendu, au point de vue des touristes; mais ceux-ci auront encore pendant longtemps de beaux jours ; car les cinq ou six grandes routes qui existent, sont trop mal entretenues pour permettre la circulation des grandes voitures ; et quant aux chemins de fer, il n'y en a encore que deux tronçons insignifiants, de quelques kilomètres de longueur.

Je ne tardai pas à quitter la province de *Moutsou* (Otchou) pour entrer dans celle de *Simodzouke*, et ne m'étant arrêté au village de *Chirasaka* que pour changer de chevaux, je poussai jusqu'à *Achino*, où j'arrivai un peu après midi, pour déjeuner. A quatre heures et demie, je m'arrêtais un instant à *Kobori*, village situé sur la rive gauche de la rivière *Nakagawa*, qui en cet endroit est un torrent que je dus passer en bac. Une demi-heure après, je m'installais à *Nabekake*, sur la rive opposée, pour y passer la nuit.

Le lendemain, 19 mai, j'arrivais à neuf heures à *Ohodawara*, ayant toujours suivi la grande route de l'*Otchou-Kaïdo*. Mais comme cette route se rend directement à *Yedo*, et que j'étais désireux d'aller à *Tomioka*, et aussi de visiter un lieu célèbre appelé *Nikko*, je pris un autre chemin obliquant vers l'ouest, un vrai sentier japonais cette fois. Presque au sortir du village de *Ohodawara*, j'entrai dans une grande plaine, telle que je n'en avais pas encore vu au Japon ; bien qu'elle eût une étendue de plus de trois lieues dans son plus petit diamètre, on ne voyait sur cette vaste surface aucune trace de culture ni aucune habitation ; il n'y avait non plus ni arbres, ni arbustes, ni grandes herbes ; le sol, uni comme une grande pelouse, était couvert d'un gazon court, sur la verdure duquel brillaient les fleurs jaunes des renoncules et les fleurs rouges d'une espèce d'anémone. La route que je suivais n'était plus un chemin, mais le subdivisait en cinq ou six petits sentiers à peine tracés sur l'herbe par les piétons. Quand je fus arrivé vers le milieu de cette grande prairie, je m'arrêtai un instant pour m'orienter, et tâcher de découvrir quelque cause probable de l'abandon d'un si beau terrain. Mais je ne trouvai aucune explication satisfaisante de ce fait singulier, car le sol était évidemment très-fertile, et plusieurs ruisseaux descendant des montagnes l'arrosaient naturellement. L'absence de bois indiquait bien que, sans doute, cette plaine avait été jadis couverte de moissons ; mais elle avait probablement été transformée en désert à la suite de quelqu'une de ces guerres intestines, qui ont ensanglanté le Japon pendant des siècles. Je ne pus m'empêcher de penser à ces terres lointaines de l'île de *Jesso*, aussi ingrates que glaciales, que le gouvernement japonais s'obstine à cultiver sans le moindre succès, et dans lesquelles il enfouit des millions en pure perte ; tandis qu'ici, en plein cœur de l'île de *Nippou*, il n'y aurait qu'à semer pour récolter. Mais viendra-t-il un jour où les gouvernements eux-mêmes cesseront de lâcher la proie pour courir après l'ombre ?

Il était près de midi, lorsque j'arrivai aux confins de ce petit désert, et que je rencontrai quelques cultures qui entouraient le village de *Sawamoura*, où je m'arrêtai pour déjeuner. Je me sentais d'un bon appétit, aiguisé par six heures de marche. Mais, hélas ! ma provision de pain était épuisée, et dorénavant, j'étais condamné à grignoter du biscuit. A titre de petite compensation, je fis doubler ma ration quotidienne de champignons. A ce propos, je dois dire que, pendant tout mon voyage, les champignons furent pour moi, un peu ce qu'était la manne pour les Hébreux, et ce qu'est l'arbre à pain pour le voyageur égaré dans les jungles. A cause de la grande quantité de bois et de forêts qui couvrent la majeure partie du pays, les champignons comestibles abondent au Japon, et voici les principales espèces qui sont usitées pour l'alimentation.

I. Dans la classe des Agaries : 1° Le *Chii take* (ou champignon du chêne), à chapeau noirâtre en dessus, à *hymenium* lamelleux, rayonné, gris blanc en dessous ; cette espèce est mangée à l'état frais ; mais surtout les populations en font sécher des provisions considérables, qui sont consommées pendant toute l'année et qui font l'objet d'un commerce assez important ;

2° Le *Matsou take* (ou champignon du pin) espèce à odeur assez forte, chapeau blanchâtre, *hymenium* blanc, lamelleux, rayonné ; à chair un peu coriace, moins estimée que la précédente ;

3° Le *Sa matsou* (ou champignon hâtif), espèce qui n'est

qu'une **variété** de la précédente, et qui croît au pied des jeunes **pins**; elle a les mêmes caractères, mais son odeur est encore plus forte; le tissu est assez dur, et le stipe est aussi plus gros.

4° Le *Chimedji*, espèce à chapeau blanc, et à *hymenium* blanc, lamelleux, d'un goût très-délicat.

5° Le *Daïko chimedji*, variété de l'espèce précédente et qui n'en diffère que par son stipe, qui est plus charnu;

6° Le *Sembon chimedji*, on appelle ainsi la réunion d'un très-grand nombre de petits *chimedji*, portés sur un gros et épais *mycelium* commun. L'étymologie du mot signifie un *chimedji* à mille têtes.

II. Dans la classe des Bolets : 1° Le *Ko-take* (ou champignon parfumé), espèce croissant au pied des chênes, dont le chapeau brun, noirâtre en-dessus, acquiert de grandes dimensions; l'*hymenium* est formé de tubes assez longs, coniques, peu serrés, présentant un aspect un peu chevelu; ces tubes sont grisâtres, ainsi que le stipe; cette espèce n'est guère usitée qu'à l'état sec.

2° Le *Nono biki*, champignon tout blanc, dont l'*hymenium* présente des tubes blancs, semblables à ceux du *Kotake*, ressemblant à des papilles.

III. Dans la classe des Clavaires : Le *Nedzoumi take* (ou champignon de rat), espèce toute blanche, qui porte des ramifications à la façon des coraux.

IV. Dans la classe des Lycoperdons : Le *Chòrò*, espèce commune dans la province de *Yetchigo*, mais rare ou peu commune dans les provinces du Sud; elle n'est employée qu'à l'état jeune, avant que les cloisons ne soient désagrégées; cette espèce qui paraît assez estimée des Japonais, m'a paru d'une saveur médiocre et le *peridium* en est coriace.

Au sortir du village de *Sawamoura*, je dus passer en bac la rivière de *Okigaï*, et après avoir traversé celui de *Yaïta*, j'arrivai vers les cinq heures à *Tamani*, où je me décidai à passer la nuit; cette dernière localité ne consiste qu'en quelques pauvres maisons adossées à des collines très-boisées et habitées par des cultivateurs.

Le lendemain matin, 20 mai, je poursuivis ma route, qui, longeant le pied de ces collines, se dirigeait vers le sud-ouest. Depuis que j'ai quitté *Chiragawa*, je chemine entre deux chaînes de montagnes, qui à droite et à gauche me ferment l'horizon. La première se continue avec celles du pays d'*Aidzou*, et la seconde, plus éloignée, s'avance vers le pays de *Mito*, bordant l'Océan Pacifique. Le pays que je traverse est réellement magnifique, couvert de belles cultures, entrecoupées de jolis bois, dans lesquels règne une fraîcheur délicieuse. C'est une plaine un peu ondulée, et présentant de distance en distance des mamelons, qui contribuent à augmenter la beauté du paysage; en ce moment, les champs sont couverts de très-belles récoltes de blés; il y a aussi quelques rizières, qui attendent encore d'être repiquées.

Après le village de *Founi*, je suis encore obligé de traverser en bac la rivière de *Sinogawa*, et j'arrive pour déjeuner à *Ohotari*, vers deux heures. J'atteins un assez grand village, appelé *Imaïchi*, où je suis obligé de m'arrêter pour régler les affaires de mes bagages. Ici, comme dans les endroits importants, les abords du bureau sont encombrés de chevaux et de marchandises, et je suis forcé d'attendre près d'une heure la solution d'un problème, pourtant bien simple. En effet, comme je n'avais que deux lieues à faire pour arriver à *Nikko*, et que je devais repasser nécessairement par *Imaïchi*, je laissai au dépôt le plus gros de mes bagages, pour ne prendre avec moi que le nécessaire pour passer une nuit et faire un ou deux repas.

Enfin, je puis prendre le chemin de *Nikko*, qui se dirige vers le nord-ouest, en s'engageant dans un joli vallon, au fond duquel roule un petit torrent. La route est bordée, de chaque côté, d'une rangée de pins séculaires, de taille gigantesque, dont les branches entrelacées forment une voûte impénétrable aux rayons du soleil, et dont l'aspect imposant annonce déjà au voyageur l'approche de l'un des lieux saints les plus vénérés au Japon. Les troncs des arbres sont très-rapprochés et assez souvent soudés deux à deux, trois à trois, jusqu'à trois ou quatre mètres au-dessus du sol. Je vis même un groupe de cinq de ces troncs , ainsi réunis , leur base commune ayant une largeur de plus de sept mètres sur près d'un mètre d'épaisseur. En arrivant , à cinq heures , aux portes du village de *Nikko*, j'aperçois devant moi une longue et large rue droite , en pente assez inclinée , et coupée par intervalles de larges marches de pierre ; au milieu et dans toute sa longueur coule un ruisseau , ainsi que cela a lieu dans tous les villages de ces montagnes. Chemin faisant , je remarque que la plupart des maisons sont des auberges , ou des boutiques de toutes sortes d'articles à l'usage des voyageurs ; il me paraît évident que les gens de la localité vivent presque entièrement aux dépens des visiteurs que la curiosité ou la dévotion y amène chaque jour en grand nombre.

L'hôtellerie où je suis logé est la plus confortable que j'aie eu pendant tout le voyage ; tout y est neuf et très-propre. On met à ma disposition un petit pavillon isolé, donnant sur un petit jardin d'agrément. Je m'installe dans une chambre du premier étage , qui pourrait passer pour luxueuse, si elle était meublée autrement qu'à la japonaise ; mais il n'y a pour tous meubles que les nattes du plancher et un plafond en papier au-dessous du toit. Dès mon arrivée, on s'empressa de mettre en place les quatre murs en *papier*, en dehors desquels se trouve une galerie. Celle-ci, ouverte le jour, est fermée la nuit par une série de panneaux en bois, qui la transforme en corridor. Alors le voyageur se trouve protégé par un double rempart, formé par ces panneaux à l'extérieur et par les écrans de papier à l'intérieur.

Une petite pluie fine et pénétrante m'empêche de sortir, et malheureusement , elle me cache aussi la vue du vallon qui se trouve au-dessous de mon logement. En attendant la nuit et l'heure de mon dîner, je m'asseois sur la galerie extérieure , et sur une chaise à pliant, de forme européenne , indice que la visite des étrangers n'est pas rare en cet endroit; en effet, le voyage de *Nikko* est une des excursions favorites des étrangers, qui peuvent obtenir une permission du gouvernement. Je passe mon temps à examiner en détail le petit jardin de l'hôtel, qui peut passer pour un type des jardins qui existent, on peut dire, dans toute maison japonaise, riche ou pauvre. Souvent, ils sont lilliputiens, et réduits à trois ou quatre mètres de côté. Celui que j'ai sous les yeux est relativement vaste, car il a une vingtaine de pas de long, sur dix ou douze de large, de sorte qu'on pourrait presque s'y promener; mais, pas plus que les autres, il n'est fait pour cet usage, et n'est destiné qu'à réjouir la vue.

Pour tout ce qui concerne l'horticulture d'agrément, les Japonais ont un système tout différent du nôtre, nous aimons surtout le grand air, l'espace, les larges pelouses de gazon émaillés de corbeilles de fleurs, les massifs d'arbustes se développant avec toute leur vigueur, etc.; enfin, nous aimons aussi à circuler autour de nos plates-bandes, et à respirer l'air frais au milieu des parfums de la végétation. Rien de tout cela n'est du goût d'un Japonais; il commence par débarrasser, avec grand soin, son jardin, de tout ce qui pourrait ressembler à un brin d'herbe; puis, pour peu que ses moyens le lui permettent, il recouvre de gros gravier toutes les surfaces qui, chez nous, seraient occupées par des fleurs et du gazon; là, où nous ferions des allées sablées, il dispose de gros cailloux à la distance d'un pas l'un de l'autre, de la même manière que l'on place des pierres pour passer à pied sec un gué peu profond. Donc, un sol nu ou recouvert de cailloux ou de gravier, voilà pour la préparation du terrain. Vient ensuite l'ornementation; pour cela, un très-petit nombre d'arbres où d'arbustes est planté en pleine terre. Parmi les premiers, les plus employés, sont d'abord des arbres verts résineux, dont le Japon possède une riche collection, tels que : des pins et de sapins des diverses espèces, et appelés indistinctement du nom générique de *Matsou*, et quelques-unes de leurs variétés, appelées : *Matsou kasa*, *Asa matsou*, etc.; puis aussi des cèdres (*soughinoki*, *Criptomeria japonica*), des mélèzes (*Tsouga*); ensuite des camélia (*Tsoubaki*); une espèce de chêne à très-larges feuilles élégamment festonnées (*Kachiwa*); enfin, quelques arbres à fleurs, qui sont presque toujours des pruniers (*Oumé*) ou des cerisiers (*Sakoura*), cultivés les uns et les autres pour la beauté de leurs belles fleurs doubles, mais ne produisant pas de fruits. On permet d'habitude aux cerisiers, aux camélias, et aux chênes de pousser à l'état naturel ; mais les pruniers et les arbres verts sont torturés de mille façons différentes ; pour ces derniers, une des manières les plus usitées, consiste à les ébrancher de telle sorte qu'il ne reste que quelques rameaux bien isolés, que l'on dépouille entièrement en ne leur laissant que les feuilles terminales, que l'on taille en formé de raquette. Ainsi accomodé, l'arbre ressemble à un mât de cocagne terminé par un pinceau, dans lequel on aurait planté de distance en distance des raquettes longuement emmanchées. Quant aux petits arbustes, on leur donne toute espèce de formes, quoiqu'il soit moins commun qu'en Chine de les voir transformés en cigognes, en corbeilles, etc. Mais ce qui fait les délices des Japonais, c'est d'avoir dans un petit vase un vieux sapin tordu et rabougri, de deux ou trois pieds seulement de hauteur ; ou bien un seul rameau fleuri de prunier émergeant d'un vieux tronc desséché et vermoulu. Les Japonais dépensent beaucoup de temps et de patience pour obtenir ces monstruosités végétales, qu'il faut toujours payer assez cher, et dont le prix est d'autant plus élevé qu'elles sont mieux réussies. Il y a généralement peu de fleurs dans leurs petits jardins. Celles que l'on y voit le plus souvent sont de magnifiques pivoines, blanches ou rouges (*Botan, Pœonia Moutan*) et de splendides Chrysanthèmes de toutes variétés (*Kikou*), comme le Japon seul en possède ; ainsi que quelques espèces de lis très-remarquables (*Youri*). Les rocailles et les petits bassins jouent aussi un rôle capital dans l'agencement d'un jardin d'agrément ; tout jardin, digne de ce nom, doit avoir sa petite montagne, qui souvent n'a que deux ou trois pieds de hauteur, et son petit lac, grand comme une baignoire, entretenu par un filet d'eau et dans lequel vivotent quelques cyprins. Si on ajoute à cela l'inévitable lanterne en pierre, posée sur une petite colonne ou sur un gros caillou, on aura une idée approchée du jardin privé d'une maison japonaise.

Ce n'est pas toutefois que les Japonais ne soient grands amateurs de fleurs ; car on en trouve sur tous les marchés et dans toutes les maisons ; mais elles sont généralement cultivées dans des caisses ou dans des vases, et placés sur les galeries des maisons ; il leur arrive même de prendre parfois comme plante d'ornement, des espèces sauvages des plus vulgaires, et entre autres, j'ai vu faire les honneurs d'un très beau vase de porcelaine à un superbe pied de chardon. Les Japonnais recherchent volontiers les plantes d'origine européenne : ainsi, au moment où je quittai *Niigata*, la population de cette ville s'était prise d'engouement pour les choux de nos jardins, qui à vrai dire, étaient une nouveauté, car c'était la première fois qu'on en voyait dans ce pays. Aussi n'y avait-il pas une maison de la ville ou des villages environnants qui n'eût son pied de chou soigneusement cultivé dans un vase : choux cabus, de Milan, cœur de bœuf, de Bruxelles, etc., on les retrouvait tout le long des rues, faisant l'admiration des habitants, surtout quand ils étaient montés en fleurs. Il faut dire, pour expliquer cette fantaisie, que les Japonais n'ont aucune espèce de choux ; ils ne cultivent guère, des crucifères, que le Colza (*Natané*), et une grosse espèce de rave (*Daïkon*, variété du *Raphanus sativus*). Ces deux espèces sont du reste cultivées sur une grande échelle.

VI.

Un lieu sacré. — O-miga le noble temple. — Les bonzes. — Formalités non gratuites. — Le tombeau de Yéyas. — Commerce de talismans. — Autres temples et tombeaux.

Pendant que je passais en revue les ornements du jardin de la maison, l'on vint m'annoncer la visite d'un personnoge qui se disait officier japonais. C'était un homme à cheveux grisonnants, qui, après les prosternations d'usage, me demanda si je voulais aller visiter le *O-miga* (le noble temple). Je lui répondis que je n'étais venu que pour cela, et que je comptais aller voir cette merveille, le lendemain matin de bonne heure. Aussitôt, il se mit à ma disposition pour m'y conduire, ce que j'acceptai. Au moment de prendre congé, il me demanda encore si j'avais

un passeport ; à cela je répondis que j'en avais un, mais que je
l'avais laissé dans mes valises au village de *Imaïchi.* Il se retira
sans faire d'observation ; mais il ne me fut pas difficile de deviner
que cet homme était un émissaire de l'autorité, qui cumulait les
fonctions d'espion et de cicerone.

Le lendemain 21 mai il fut exact à venir me prendre de
bonne heure et je me hâtai de le suivre vers ce temple célèbre qui attire beaucoup de visiteurs tant étrangers qu'indigènes.

Tout au-dessus du village , dont elle est séparée par un petit
torrent, se trouve une vaste enceinte occupant tout le versant
d'une petite montagne, et on y pénètre par une large entrée correspondant à un pont qui se trouve à l'extrémité de la rue du
village. A côté de celui-ci se trouve un deuxième pont, destiné
au service spécial d'une petite chapelle voisine et qui est assez
curieux par sa forme : le tablier en est fortement convexe,
presque en demi-cercle, à la façon de beaucoup de ponts japonais ; il est soutenu par d'énormes blocs de rocher, formant des
piliers, ayant plus de trois mètres de hauteur, et se maintenant en
équilibre par leur propre poids. Une grande et longue avenue,
large de trente-cinq à quarante mètres, montant en pente douce
conduit vers le temple bâti un peu en amphithéâtre sur le versant de la montagne. De chaque côté de cette avenue, règnent
des épaulements ou des murailles en grosses pierres, et une
forêt de pins aussi vieux et aussi grands que ceux que j'avais vus
la veille le long de la route, couvre tous ces lieux d'une ombre
épaisse. En haut de l'avenue, on rencontre une sorte de vaste
parvis, couvert de gros gravier, que l'on traverse sur des chemins dallés en granit : à droite et à gauche se voient de petits
temples ou chapelles, richement sculptés et dorés, et dédiés sans
doute à des divinités d'ordre inférieur. Au delà se trouvent quelques marches d'escaliers en granit en haut desquelles règne un
deuxième parvis également recouvert de gravier et entouré de
petites pagodes. Mon guide me fait remarquer une colossale
piscine de pierre, qui est un monolithe rectangulaire, creusé en
forme d'auge, ayant près de quatre mètres de long, sur un mètre
et demi de hauteur et autant de largeur : par un conduit caché

qui amène l'eau d'une source de la montagne, cette piscine se remplit et se déverse en cascade, fournissant aux pèlerins l'eau lustrale dont on se sert à l'entrée de tous les temples. Sur une plate-forme voisine, je remarque d'énormes lustres, dont l'un en cuivre doré est vraiment colossal, et abrité sous un kiosque construit exprès : il est d'un très beau travail, dans le goût européen du dernier siècle, et mon guide me dit qu'il a été offert en cadeau par les Hollandais. Il me revint alors en mé-moire, qu'en effet, depuis la fin du seizième siècle et jus-qu'à sa dissolution, la compagnie des Indes Néerlandaises, qui avait un comptoir à *Desima*, près de *Nagasaki*, était dans l'obli-gation d'envoyer tous les ans à Yedo, une ambassade chargée de présents pour le *Shiogoun*, (*Taïkoun*).

Après avoir gravi un escalier monumental en belles pierres, je me trouve à la porte d'entrée d'une enceinte close de toutes parts et au centre de laquelle se trouve un des principaux tem-ples dont les portes sont fermées, et c'est là que commencent les formalités, car le public n'est pas admis à pénétrer dans cette enceinte sacrée : il faut un privilégé spécial qui, au moins pour les étrangers, ne s'obtient que moyennant finance. Mon guide m'avait déjà prévenu que la permission de visiter le *O-miga*, me coûterait un *Riyo* et un *Itchibou* (environ six francs et demi); mes deux domestiques, pouvaient entrer à ma suite par dessus le marché; il me pria de l'attendre un instant, et il alla prévenir, je pense, le chef des bonzes, car bientôt après je vis arriver quel-ques-uns de ceux-ci vêtus de leurs longues robes jaunes à larges manches et coiffés d'un tout petit chapeau noir, un peu en forme de bonnet phrygien : ils s'empressèrent de m'ouvrir les portes de l'enceinte, et comme j'avais remis au guide la somme de-mandée, je crus que le moment était venu de pénétrer plus avant; mais les formalités n'étaient pas encore terminées : il me fallut d'abord déposer mon parapluie et quitter mes souliers, en échange desquels on me donna des sandales en paille. Ensuite arriva un bonze muni de papier et d'encre, qui se mit à écrire, je suppose, les renseignements concernant ma visite, et il donna une copie de son acte à mon guide; c'était la première fois que je voyais faire toutes ces cérémonies, car d'ordinaire, les bonzes prennent les petites sommes qu'on leur offre, sans la moindre forme de procès ; mais il paraît qu'à *Nikko*, vu l'importance du lieu, les choses se passent plus administrativement.

Pendant que mon scribe s'escrimait du pinceau pour couvrir son papier d'hiéroglyphes, j'étais absorbé par la contemplation du temple qui était devant moi. Il est impossible d'imaginer quelque chose de plus brillant et de plus étrange à la fois que cette merveille du luxe oriental. J'étais en présence d'un grand monument de forme carrée, recouvert d'une immense toiture très inclinée, qu'on aurait pu dire littéralement dorée sur tranche depuis le faîte jusqu'aux fondements ; il ne ressemblait en rien à l'architecture européenne, si tant est que l'on puisse donner le nom d'architecture à la construction d'un temple japonais, qui est toujours tout en bois et ne forme en réalité qu'une très vaste mais luxueuse charpente. Celui-ci, du reste, ne différait en rien dans sa disposition, de tous ceux que j'avais déjà visités, car tous les temples, grands et petits, sont édifiés d'après le même modèle, et il n'y a de différence entre eux que le plus ou moins de luxe dans les sculptures et les dorures. Ici les innombrables plaques de cuivre doré qui recouvrent tout l'extérieur de l'édifice se détachant vivement sur le fond rouge du temple, fascinaient le regard de leur éclat.

M'avançant enfin à travers le parvis, je me trouvai en haut de quelques marches sur la galerie extérieure qui faisait le tour du monument. Là, je compris la nécessité d'avoir aux pieds des sandales, car le plancher de cette galerie était entièrement recouvert d'une très belle laque noire aussi fine que celle des plus jolies boîtes de luxe : la grande porte qui donnait accès dans le sanctuaire intérieur, avait deux battants dont les panneaux étaient délicatement sculptés à jour et représentaient des oiseaux et des plantes de diverses sortes ; et tout cela était laqué et doré avec un goût merveilleux. L'intérieur était formé de deux larges galeries, dont l'une venait aboutir perpendiculairement au milieu de l'autre de manière à former une espèce de T. Cet intérieur était d'une magnificence sans pareille qui défie toute description ; toutes les parois, y compris les planches, étaient couvertes de la plus belle laque ; les dessins et les sculptures ornaient le moindre détail de l'édifice. Le plafond découpé en carrés par des boiseries sculptées et dorées, était un assemblage de tableaux qui remplissaient chacun de ces carrés. De grandes tentures de soie, avec de grosses franges, se détachaient des murs, encadrant une collection de portraits rangés tout autour, et représentant peut-être les divers *Chògouns* de la famille de *Jyeyas*. Dans les deux galeries et posés à terre, se trouvaient divers insignes ou emblèmes du culte, particulièrement de grands *Lotus* de grandeur naturelle : la tige et les feuilles étaient seulement de cuivre doré, mais les grandes fleurs blanches étaient d'argent, ayant des étamines d'or. C'était une copie très fidèle d'une grande espèce de *Nymphœa* cultivée dans les eaux stagnantes du pays et que les Japonais appellent *Hachisou*, ou *Renghe*, et dont les fruits et surtout les racines sont très estimés des japonais comme aliment : elles sont aussi cultivées comme ornement à cause de leurs belles fleurs blanches : leurs grandes feuilles peltées et creusées en forme de coupe, sont d'une telle dimension qu'elles peuvent servir de parasol, et produisent un très joli effet, lorsqu'elles flottent à la surface des eaux tranquilles. Il y avait aussi dans les galeries du temple, des cigognes en cuivre doré et argenté, également de taille naturelle. La cigogne (*Tsrou*) est un oiseau vénéré des Japonais, et il est pris comme emblème d'une heureuse longévité, en raison de ce qu'il est censé vivre un millier d'années.

Je fis ensuite le tour de l'édifice par la galerie extérieure, et je vis que toutes les boiseries du dehors étaient également sculptées; toutes leurs arêtes vives, tous leurs angles étaient protégés par des lames de cuivre doré sur lesquelles étaient gravés des armes et des dessins. Mon inspection terminée, je demandai à voir le tombeau de *Yeyas*, le législateur du Japon et le fondateur de la dynastie actuelle des Taï Kouns qui a détenu le pouvoir entre ses mains jusqu'en 1868, époque où les dernier représentant fut chassé de *Yedo*, par les troupes du *Mikado* présentement régnant. Ce premier *Yeyas* paraît avoir été un homme vraiment extraordinaire, aussi habile général que profond politique, lequel s'éleva à la première dignité de l'empire par son seul mérite et au milieu de difficultés sans nombre, et qui parvint à donner au pays, déchiré par les guerres de la féodalité, une ère de paix et de prospérité qui dure encore. Ce fut en 1603, qu'il reçut le titre héréditaire de *Seïdaï Chògoun*, (c'est-à-dire pacificateur des barbares et généralissime des armées). Bien qu'ennemi de la religion catholique, répandue dans tout le Japon à la fin du seizième siècle par les successeurs de saint François-Xavier, il la toléra, au moins de fait sinon ouvertement, jusqu'aux dernières années de sa vie. Ce ne fut qu'en 1614 qu'il la proscrivit formellement, renversa les églises et chassa du Japon tous les religieux, qui furent embarqués le 15 octobre de la même année, à l'exception de dix-huit d'entre eux qui demeurèrent cachés dans le pays. *Yeyas* mourut le 8 mars 1616 et fut enterré, par son ordre, dans les montagnes de *Nikkò*, et c'est son tombeau que j'allais voir. Comme ce tombeau est situé sur les flancs de la montagne, au-dessus et à une assez grande distance, je crus que je pouvais reprendre mes chaussures pour faire cette petite course ; mais en cela je me trompais, car je fus encore obligé de les quitter en arrivant au pied de l'escalier de pierre qui conduit au mausolée. Cette fois, cela me fut désagréable, car au lieu de glisser sur un plancher laqué, je marchais sur des dalles humides, et j'eus les pieds mouillés en quelques minutes. L'escalier, très raide, n'avait pas moins de cent-cinquante marches, et il était remarquable par les balustrades en pierre qui se trouvaient de chaque côté, et faites en beaucoup d'endroits de monolithes de grande dimension découpés à jour. J'arrivai en haut tout essoufflé et me trouvai en présence du tombeau de *Yeyas*. Il n'avait de remarquable que son extrême simplicité ; il consistait en un carré de dix à douze mètres de côté, recouvert de larges dalles et entouré d'une grille en fer forgé dont les barreaux tordus et déjetés attestaient l'antiquité. Au milieu s'élevait un mausolée de granit, sans aucun ornement. Seulement, à quelques pas de distance, se trouvaient les mêmes emblèmes que j'avais vus dans le temple, c'est-à-dire le Lotus et la Cigogne. C'était donc là que, dans la solitude des bois, le plus grand homme de guerre et le premier législateur du Japon dormait au pied des mêmes arbres qui deux siècles et demi auparavant, l'avaient protégé de leur ombre, alors qu'il

venait dans ces montagnes oublier le poids et l'ennui des gran-
deurs ; ce fut peut-être en cet endroit qu'il goûta les seuls moments de calme dont il lui fut donné de jouir pendant toute sa
vie, et c'est pour cela qu'il choisit pour son tombeau ces mêmes
lieux si frais, si verdoyants et qui lui avaient été si hospitaliers.
Six ou sept autres *Chôgoun,* ses descendants, ont suivi son
exemple, et leurs tombeaux se trouvent dispersés dans la même
enceinte.

Je redescendis vers le temple que j'avais déjà visité, et dans
son voisinage, j'admirai plusieurs petites pagodes qui étaient
toutes de vrais bijoux sculptés, laqués et dorés : elles étaient
entourées d'une véritable forêt de magnifiques lanternes de
bronze, toutes d'une hauteur uniforme de plus de deux mètres,
et posées sur des colonnes de même métal. Ce genre de lanternes
constitue le luxe obligé des principaux temples et des tombeaux
princiers : les temples moins riches, de même que certaines
maisons privées, se contentent de lanternes en pierre de moindre
dimension. Je vis aussi à l'entour de ces temples de très grands
vases en bronze, et des plaques ornementales couvertes d'ins-
criptions. Toutes ces choses étaient des offrandes faites par les
grands vassaux, et presque toutes avaient leurs légendes parfois
tragiques. On me fit remarquer un magnifique et très-grand vase
en bronze, dont les bords étaient hachés de coups de sabre.
Pourquoi ce vandalisme ? c'est ce que je ne pus savoir ; mais en
voyant ces entailles qui avaient enlevé des éclats de métal de
plus d'un pouce de profondeur, j'étais fort disposé à ajouter foi
aux histoires, dont fourmillent les contes japonais, de ces
grands coups de sabre des héros faisant voler les têtes et pour-
fendant les armures, et auprès desquels, les coups d'estoc et
de taille de nos anciens preux ne seraient que jeux d'enfant.

Après tout cela, j'étais loin d'avoir tout vu, et mon cicerone
me dit qu'il y avait encore nombre d'autres temples aussi
splendides, sinon plus, que le premier que j'avais visité, mais
que pour les voir, il fallait encore délier les cordons de ma
bourse : toutefois, le prix était diminué. M'étant donc exécuté,
je passai de l'autre côté d'un fort joli ravin admirablement
boisé, et en haut d'un nouvel escalier monumental, je trouvai

effectivement un autre grand temple aussi magnifique que le premier. Sauf de légères modifications de détail, c'était le même luxe de sculptures, de laques, de cuivres dorés, de tentures, de bronzes etc. Mon inspection terminée, je pris un chemin différent de celui par lequel j'étais venu, et je ne tardai pas à me trouver en présence d'un troisième grand temple entouré de plusieurs petites pagodes ; il y eut encore un nouvel appel de fonds de la part de mon guide, lequel cette fois, se contenta de deux modestes *Kinsats* Il devenait évident que les tarifs baissaient à mesure que l'on supposait que ma curiosité était plus satisfaite et mon enthousiasme moins vif. Ce dernier temple, quoique très beau, n'était pas aussi richement orné que les précédents, et il me parut qu'il était pour le moment le seul qui servît aux cérémonies religieuses ; justement comme j'y entrais, on allait commencer quelque office, car des bonzes, revêtus de leurs ornements sacerdotaux, allaient et venaient, allumant des cierges autour d'une espèce d'autel. Ce temple appartenait à la secte Bouddhiste, tandis que les autres étaient peut-être de la secte du Chintoïsme. Comme je me disposais à sortir, j'aperçus dans un coin mes deux domestiques en grande conférence avec un des bonzes ; m'étant approché, je vis qu'ils achetaient de petits papiers sur lesquels était une image entourée de caractères d'écriture ; ils m'expliquèrent que c'étaient des talismans pour se procurer le bonheur et chasser le malheur, et comme chaque petit papier ne coûtait qu'un *tempo* (un peu moins d'un sou), ils en prirent chacun une dizaine. Que ne pouvais-je avoir leur foi robuste ! Pour quelques sous, je serais sorti de là avec du bonheur assuré pour toute ma vie ! mais toujours est-il que, si ces petits papiers ne donnaient pas le bonheur aux croyants, ils rapportaient beaucoup d'argent aux bonzes, qui en vendaient à une foule de visiteurs ; en effet, pendant ma tournee, j'avais souvent rencontré des groupes de curieux et aucun d'eux n'aurait voulu s'en retourner sans emporter un talisman, comme souvenir du passé et garantie pour l'avenir. Chacun de ces groupes composé d'une quinzaine de personnes de tout âge et de tout sexe était conduit par un cicerone qui leur donnait des explications sur ce qu'ils voyaient, mais il ne leur était pas permis d'entrer dans les temples ni même dans les enceintes réservées qui les entourent, aussi paraissaient-ils fort étonnés de ce que toutes les portes s'ouvraient devant moi comme par enchantement ; sans doute ces visiteurs ne réfléchissaient pas que si j'étais traité en grand seigneur, on me faisait payer en conséquence, tandis qu'ils ne payaient probablement que quelques sous. Chacun de nous en avait ainsi pour son argent.

Après avoir ainsi visité en détail les plus intéressants des temples et des tombeaux, j'allai me placer sur une éminence d'où je pouvais jouir de la vue d'ensemble. Le spectacle qui s'offrit alors à mes regards était vraiment grandiose et unique au monde. Il est impossible de se figurer, à moins de l'avoir vu, l'effet produit par ces temples étincelants de dorures et cuirassés de cuivres brillants, dispersés et comme jetés au hasard au milieu de l'épaisse verdure qui couvre la montagne. Les escaliers aux larges marches, les clochetons des pagodes et les larges balustrades, se cachent et apparaissent tour-à-tour au milieu des massifs ; parfois, les grandes branches des pins masquent la façade d'un temple dont on n'aperçoit que le faîte doré ; autour de chaque grand temple, se groupent une foule de tombeaux et de chapelles ; tout cela s'étage en amphithéâtre et comme au hasard, suivant les courbes capricieuses de la montagne, pendant qu'un petit torrent d'eau limpide tombe en cascade au milieu du paysage. Je n'ai rien vu nulle part de comparable à ce panorama, et je serais resté toute la matinée à le contempler si je ne m'étais souvenu que mes heures étaient comptées, et qu'il était temps de me remettre en route ; et pourtant que de belles choses j'aurais encore à voir dans les environs : et la montagne *Nikkò Sau*, un des sommets les plus élevés du Japon, et les sources du torrent qui s'élancent en bouillonnant des profondeurs d'une grotte sans fond, et un superbe lac qui se trouve tout en haut des montagnes, et bien d'autres choses encore ! Mais il y avait déjà onze jours que j'étais en voyage, et j'avais encore cinquante lieues à faire : la tentation était pourtant bien forte, et si mes jambes eussent été un peu moins fatiguées, ou si j'eusse eu seulement du pain, je crois que je serais resté à *Nikko* un jour de plus, pour tout voir. Mais enfin je pensai qu'après tout je n'allais résider qu'à une vingtaine de lieues de distance, et que j'aurais bien du malheur si je ne trouvais pas plus tard un moment propice pour revenir faire une excursion avec plus de loisirs. Là-dessus, je repris résolument le chemin de mon hôtellerie : mes bagages furent vite prêts, et je pris congé de mes hôtes et de mon cicerone qui soupirait du regret de me voir m'éloigner sitôt : il avait bien compté, sans doute, se suspendre à ma bourse encore deux ou trois jours de plus.

VII.

Cautérisation des arbres. — Voyage en Djinrikicha. — Légumes, poissons, fruits. – Un Dieu oculiste. — Fréquence des maladies des yeux au Japon. — Arrivée à Tomioka. — Le volcan d'Asama. — Yedo.

J'arrivai à *Ymaïchi*, pour l'heure du déjeuner; et je n'étais pas plutôt assis devant mon couvert, que je vis entrer un officier qui me demanda mon passe-port ; je m'empressai de le lui exhiber, mais il ne se tint pas pour satisfait, et il voulut aller au bureau de l'endroit, pour le faire vérifier et enregistrer, après quoi il me le rapporta une demie heure après. Ayant repris les bagages que j'avais laissés en dépôt la veille, je me remis en route prenant la direction du sud, et quelques heures après, j'arrivais au village d'*Ytabachi*, où je prenais de nouveaux relais. Vers six heures du soir, je traversais la rivière de *Fourougawa*, et un peu au-delà j'atteignais le village de *Kanaye*, où je dus passer la nuit. Pendant la journée je n'avais rien eu de particulier à noter concernant le pays, qui ne différait pas sensiblement de celui que j'avais vu la veille. Toutefois, depuis *Nikkò* jusqu'à la rivière *Fourougawa*, la route était bordée de chaque côté par une rangée de pins, presque aussi grands que ceux de *Nikkò*, et je remarquai que le tronc de beaucoup de ces arbres était creux, bien que leur végétation semblât encore vigoureuse, et que toute la surface intérieure de ces cavités eût été carbonisée par le feu. C'est un procédé employé par les Japonais pour arrêter le mal, dès qu'un arbre commence à se gâter et menace de périr ; de fait, ce n'est pas autre chose, pour ainsi dire, qu'une opération de chirurgie appliquée aux végétaux : ils cautérisent ainsi ce que l'on pourrait appeler l'ulcère ou la carie de l'arbre et détruisent tous les tissus malades : ceux-ci passés à l'état de charbon, forment une couche mauvaise conductrice qui isole et protége les parties restées saines. C'est du reste, dans le même but que les japonais calcinent la surface des pieux qu'ils enfoncent en terre : la partie enfoncée dans le sol subit alors beaucoup moins l'influence de l'humidité et se pourrit moins vite.

Le lendemain matin 22 mai je quitte *Kanaye,* vers six heures et demie, mais cette fois, je ne voyage plus à pied : n'ayant plus de montagnes à franchir et commençant à éprouver une fatigue réelle, je profite de ce que les chemins sont praticables, pour me faire porter en *Djinrikicha,* ou petite voiture à bras. Le pays est toujours très-beau, peu accidenté et couvert de champs de blé-d'une fort belle venue, les bois taillis me semblent aussi plus rares. Je traverse la rivière de *Ogouragawa* vers les neuf heures et j'arrive à *Totchiki* à onze heures et demie. La ville de *Totchiki,* assez grande et assez bien tenue, a une certaine importance et a été chef-lieu de district jusqu'à ces derniers temps. Je la traverse trop vite pour la bien voir en détail, parce que mes traîneurs couraient à toute vitesse, malgré mes recommandations : c'est en effet un point d'amour-propre pour eux que d'aller très vite en traversant les villes ou villages, pour faire preuve de force et d'agilité, et s'attirer par là l'admiration des habitants.

Après avoir suivi une longue et large rue assez animée et encombrée de chevaux de bât, je m'attendais, selon l'usage, à faire une plus ou moins longue station au bureau des relais, mais il n'en fut rien : car un homme déjà vieux vint à ma rencontre et après m'avoir respectueusement salué il dit à mes traîneurs de le suivre parce que c'était chez lui que je devais m'arrêter ; évidemment cet homme guettait mon arrivée, et il était certain que les officiers qui avaient pris connaissance de mon passe-port la veille à *Ymaïchi* s'étaient empressés de faire leur rapport sur mon compte au gouvernement de *Totchiki*. Il faut avoir voyagé dans l'intérieur du Japon, pour se faire une idée de la perfection avec laquelle se fait la police du pays, surtout à l'égard des étrangers qui sont constamment surveillés et espionnés. Du reste, cela n'a rien d'étonnant quand on sait que l'espionnage est tout-à-fait dans les mœurs japonnaises ; et d'ailleurs, cela est plutôt à notre avantage qu'à notre détriment, car nous n'avons qu'à gagner à ce que notre conduite soit connue dans ses plus petits détails. L'hôtellerie dans laquelle j'étais descendu pour déjeuner était fort bien tenue et offrait tout le confortable du pays : j'y trouvai même un assortiment de gâteaux qui n'était point du tout à dédaigner ; car si les Japonais sont les plus détestables cuisiniers du monde, en revanche ils réussissent fort bien les pâtisseries et les sucreries.

De la ville de *Totchiki* au village de *Tomida* situé à environ deux lieues plus loin, je traversai une plaine entièrement couverte de champs de blé et que l'on eût pris pour un coin de la Beauce ; elle semblait s'étendre fort loin vers le sud, tandis qu'à l'ouest, elle était bornée par la chaîne de montagnes, dont je suivais à peu de distance les contre-forts. A voir de si vastes cultures de blé, on ne se serait pas douté que le riz forme la base de l'alimentation des gens du pays. Cependant le blé (*Ko Moughi*), l'orge (*O moughi*), le sarrazin (*Soba*), les pois (*Sasaghe*), les fèves (*Sora mamé*), les haricots (*Inghen mamé*) entrent dans l'alimentation pour une part importante, mais sous forme de gâteaux, ou d'autres préparations considérées comme accessoires : de telle sorte qu'avec toutes ces ressources, un Japonais ne saurait se passer de sa ration de riz ; encore est-il fort exigeant pour la qualité de ce dernier, et n'accepte guère que celui de son pays, qui est réellement, paraît-il, de qualité supérieure à celui de Siam, des Philippines ou de la Cochinchine. Aussi a-t-on vu parfois, dans des moments de disette, les populations japonaises refuser ou ne manger qu'à contre-cœur du riz importé de la Chine. Dieu sait pourtant que le riz excepté, ils sont bien peu délicats pour tout le reste. Le régime alimentaire est d'ailleurs un peu différent, selon que les populations sont du littoral ou de l'intérieur des terres. Les premiers font une grande consommation de poissons de toute sorte, de crustacés et de mollusques, car les côtes du Japon sont les plus riches du monde en espèces de toute sorte, parmi lesquelles on trouve la plupart de nos espèces d'Europe, telles que : le maquereau (*Saba*), la morue (*Tara*), la bonite (*Magouro*), le thon (*Irouka*), la sole (*Hirame*), la raie, la sardine (*Iwachi*), le hareng, etc. et un grand nombre d'autres espèces, particulières aux mers du Japon. Il y en a de fort délicates, telles que le *Taï*, déjà cité, et aussi une ou deux espèces vénéneuses, bien connues des pêcheurs, m'a-t-on dit, mais que je n'ai encore pu voir. Enfin les Japonais mettent tout à profit, jusqu'aux requins que l'on voit journellement sur les marchés, mais généralement de petite taille (*Same*, ou bien *Fouka*). La classe des crustacés leur fournit principalement une petite espèce de homard (*Kourouma Yebi*), plusieurs espèces de crevettes, dont une très grosse (*Yebi*), des crabes atteignant parfois une taille énorme (*Kagni*). La classe des mollusques fournit des coquillages de toute espèce, parmi lesquels les plus communs sont les clovis (*Oumoughi*, ou bien, *hamagouri*) les huîtres (*Kaki*), les haliotides (*Awabi*), et aussi diverses espèces de céphalopodes (*Ika*), dont quelques-uns atteignent de grandes dimensions. A cela il faut ajouter les Taï et les Saumons dont il a déjà été question. Dans les provinces du Nord, les habitants de la côte consomment aussi un certain nombre d'espèces de plantes marines, dont la principale est une espèce de grande Laminaire (*Hijiki*), une espèce de mousse semblable au lichen d'Islande (*Mirou*), et d'autres appelées *Modzoukou* et *Kadjime*. En somme la mer fournit aux populations qui ne sont pas très éloignées des côtes, d'abondantes provisions alimentaires. Quant aux habitants des districts de l'intérieur, ils sont privés de cette grande ressource, et ne peuvent guère ajouter à leur riz qu'un peu de poisson salé et quelques légumes. Les rivières, bien que très-poissonneuses aussi, ne peuvent fournir qu'un appoint insignifiant, alors surtout qu'elles sont dépeuplées par une pêche incessante dont aucune loi ne règle l'exercice. Les espèces de poisson d'eau douce ne sont pas très-nombreuses; les principales sont la carpe (*Founa*), la truite (*Yamame*), plusieurs variétés d'anguilles (*Ounagni*), le poisson blanc déjà cité (*Ayou*) et un autre de petite taille, noirâtre et d'un aspect repoussant, ayant des nageoires pectorales comme armées de griffes (*Kadjika*). A cela il faut ajouter le saumon qui, à l'époque du frai, remonte le cours des rivières jusqu'à d'assez grandes distances.

Pour ces raisons de manque ou de pénurie des produits de la mer, les habitants de l'intérieur sont obligés de mettre à une plus forte contribution les produits du sol. Aux céréales et aux légumes déjà cités, dont ils font usage, il faut ajouter : les patates douces (*Satsouma imo*, c'est-à-dire, racine du pays de *Satsouma*); les aubergines (*Nasou* ou bien *Nasoubi*); le chou caraïbe, dont on mange les racines (*Satò imo*) et les pédonles des feuilles (*Imogara*) ; la patience, que l'on cultive et dont on mange les longues racines (*Gobo*), et une plante croissant à l'état sauvage, et dont les Japonais apprécient fort les longues racines (*Naga imo*) ; enfin, nos pommes de terre commencent à être partout cultivées avec succès, et le temps n'est pas éloigné où elles seront d'un usage général.

Quant aux fruits, le Japon possède, je crois, principalement dans les provinces du Nord, tous nos fruits d'Europe, moins l'olivier et l'amandier. Ceux que les Japonais estiment le plus, sont d'abord : une espèce de grosse poire d'hiver (*Nachi*), les grosses baies du Diospyros kaki (*Kaki*), le raisin qui est une variété de chasselas (*Boudo*), et enfin dans les provinces du Sud et du Centre, une espèce de mauvaise orange mandarine (*Mikan*). Viennent ensuite les châtaignes (*Kouri*), les pèches (*Momo*), les abricots (*Andzou*), et une espèce de petit melon assez bon (*Makouwa ouri*). On estime moins les pommes (*Ringo*), les prunes (*Oume*), les grenades (*Djakoura*), les noix (*Kouroumi*), les coings (*Karin*), et les figues (*Itchidjikou*). Les cerises (*Sakoura*) sont sauvages, d'un goût très-amer, et ne sont jamais employées comme aliment; il est remarquable aussi que les Japonais ne mangent que peu ou point les drupes dont

6

l'amande est comestible seule , par exemple , les noix ; ainsi les noyers abondent dans leurs forêts, mais ils ne se donnent presque pas la peine d'en récolter les fruits. J'ai aussi rencontré dans les bois, le noisetier, mais les gens du pays n'ont même pas su m'en dire le véritable nom , et ils ont été bien étonnés de m'en voir manger les fruits, ce qui ne leur était jamais venu à l'idée. En dehors des fruits et des légumes cultivés, les Japonais des campagnes mangent encore nombre de plantes sauvages, parmi lesquelles j'ai remarqué deux espèces de crucifères, l'une dont j'ai déjà parlé, appelée *Midzouna*, et l'autre *Chiso*, et une Eupatoriacée (*Fouki*, qui est le Nardosmia Japonica). A tout cela , il faudrait encore ajouter des bulbes de lis , des racines de gingembre (*Hadjikami*, ou bien *Chòga*), et bien d'autres encore dont je n'ai pu savoir exactement le nom et dont quelques-unes figuraient souvent dans ma soupe quotidienne.

Ce fut du reste le même genre de potage qui me fut servi encore, ce soir là , dans la petite ville de *Sano*, où je m'arrêtai pour passer la nuit. Toutefois , pour la première fois depuis que j'étais en voyage , je trouvai à acheter un jeune poulet, grâce auquel je pus faire un vrai festin. Les Japonais , en effet, n'élèvent que peu ou point de volaille. Dans beaucoup de maisons, la basse-cour ne se compose que d'un coq et d'une seule poule, qui sont là beaucoup plus pour l'agrément que pour l'utilité. On a soin de les choisir d'une très-petite espèce, fort jolie d'ailleurs , mais qui n'est pas plus grosse que celle d'un pigeon ordinaire, et toujours ces oiseaux se trouvent avoir le même plumage, ou tout blanc, ou tout noir, ou bien nuancé de la même manière ; il y a cependant d'autres espèces, dont une fort grande appelée *Chamo*, originaire du royaume de *Siam*, d'où elle à été importée au Japon.

Je quittai *Sano*, le 23 mai, vers cinq heures et demi du matin , et après avoir passé la rivière de *Watase Gawa*, j'arrivai un peu après sept heures au village de *Yanada*; pendant que, assis sur la porte du bureau de relais, j'attendais mes bagages restés en arrière, mon attention fut attirée par quelques commères de l'endroit, qui venaient faire leurs dévotions à une toute petite chapelle qui se trouvait en face. Ce n'étaient pourtant pas leurs àllures qui m'intéressaient, car la manière de faire ses dévotions est toujours la même; celui qui se présente devant un temple, dans l'intention de s'attirer les faveurs du Dieu de céans , commence par provoquer son attention en faisant sonner un gros grelot , qui se trouve suspendu tout exprès au-devant de la porte , ensuite, il frappe des mains, et ayant jeté quelque monnaie dans un large tronc , il fait sa prière tout debout et se retire. J'étais surtout intrigué par les ornementations particulières de la chapelle et par une inscription qui indiquaient le séjour d'un Dieu médecin et spécialiste par-dessus le marché. Sa spécialité consistait à guérir les maladies des yeux. C'était un oculiste. En effet, au-dessus de la porte , étaient écrits les caractères (*Yakou*, remède ; *Chi*, professeur ; et *Niyo raï*). Ce dernier mot est le titre donné à une des principales divinités du Bouddhisme, telles que *Amida, Chaka* , etc. L'inscription signifiait donc que c'était le grand Dieu qualifié de *Niyo raï*, qui prenait la peine d'indiquer lui-même le meilleur remède à ses clients (par l'intermédiaire d'un bonze, je suppose). Tout autour de la chapelle étaient suspendues comme des ex-voto, des planchettes, les unes représentant des personnes rendant grâces pour leur guérison et les autres couvertes seulement de dessins grossiers représentant des yeux. Quelquefois même, les yeux au lieu d'être [dessinés étaient figurés par le caractère de l'écriture *Hirakana*, qui signifie l'œil (*me*) ; seulement, l'un de ces caractères étaient placés l'un à côté de l'autre pour imiter les deux yeux , et celui de droite étant renversé pour indiquer l'œil gauche.

Pour quiconque a voyagé dans l'intérieur du Japon , il n'est pas surprenant qu'il y ait un Dieu spécialement oculiste. Je n'ai pas vu de pays où les affections des yeux soient plus communes et deviennent plus graves (du moins entre les mains des médecins japonais). Dans les villes comme dans les campagnes , on rencontre à chaque pas des aveugles de tout âge et de tout sexe ; un plus grand nombre encore, dont les cornées sont presque opaques, y voient assez pour se conduire. J'ai pu me convaincre, cependant, ayant eu à traiter un grand nombre de ces affections, que la plupart, prises au début , cèdent facilement aux moyens les plus simples , tels que instillations de collyres

au nitrate d'argent, sulfate de cuivre, sulfate de zinc ou insuf-
flations de calomel. La plupart des cas débutent par une blé-
pharite, rapidement suivie de kérato-conjonctivite, et très-sou-
vent compliquée de trichiasis. Si la maladie est abandonnée à
elle-même ou mal soignée, les ulcérations cornéales et les taies
ne tardent pas à se produire. J'ai vu aussi nombre de cataractes,
mais l'opération est rarement suivie d'accidents inflammatoires
graves. Beaucoup de cas de cécité résultent aussi de conjoncti-
vités survenues à la suite de la variole ou de la rougeole, dont
les épidémies sont assez communes. A cause de cette fréquence
des maladies des yeux, on voit partout et jusques dans les plus
petits hameaux, des affiches portant l'inscription : *Me Kousouri*,
c'est-à-dire, remède pour les yeux. Mais ces fameux *Kousouri*,
pas plus que les Dieux oculistes qui les patronnent, ne guérissent que rarement, ce qui n'empêche pas le peuple d'avoir une
très grande confiance dans les uns comme dans les autres.

Une assez bonne route me conduisit jusqu'à *Ohata*, jolie
petite ville, située au milieu d'un plateau richement cultivé.
C'était justement le jour de la fête locale de l'endroit *Matsouri*,
ce dont je m'étais déjà aperçu de loin, à la foule de paysans
endimanchés que je rencontrais, et aux bannières blanches dé-
ployées au-dessus des maisons. Ces bannières sont de longues
et larges bandes de toile blanche suspendues à des bambous ou
des mâts de pavillon, et portant des devises écrites en gros caractères. Lors de mon entrée à *Ohata*, les rues étaient encombrées
par la foule à travers laquelle j'avais d'autant plus de peine à
me frayer un passage que les petits marchands de jouets d'enfant et de gâteaux ne s'était pas gênés pour étaler leur marchan-
dise au milieu du chemin. C'était une chose curieuse que de
voir tout ce monde en costume de gala ; car, en raison des cou-
leurs voyantes et des dessins extraordinaires des vêtements ;
une foule japonaise présente un coup d'œil bien autrement
bigarré qu'une foule européenne. Ce qui n'est pas moins remarquable, c'est le calme et le silence que garde cette masse de
peuple, comparés avec les mille bruits étourdissants que nous
avons l'habitude d'entendre en Europe en pareilles circonstan-
ces. Je ne sais si les Japonais s'amusent beaucoup dans les

réjouissances publiques ; c'est probable, à en juger par l'empressement qu'ils mettent à s'y rendre ; mais, en tous cas, ils ne trahissent guère leurs impressions.

L'hôtel où je m'étais arrêté pour déjeuner regorgeait de monde ; néanmoins, on me donna une très-belle chambre donnant sur un petit jardin, lequel était entouré d'autres chambres séparées, représentant sans doute les cabinets particuliers de l'établissement. Comme il faisait très-beau temps, les chambres étaient dépourvues de leurs écrans en papier, de sorte que tous les consommateurs, moi compris, étaient de fait réunis dans une même salle. Chaque nouvel arrivant s'asseyait sur sa natte au premier endroit venu, et attaquait son bol de riz, sans s'inquiéter de son voisin. Chacun faisait comme chez soi ; les hommes buvaient et fumaient, d'autres dormaient, les nourrices allaitaient leurs nourrissons, tout cela sans souffler mot.

Mon déjeuner terminé, je me remis en route, me croisant encore avec nombre de paysans qui se rendaient à la fête. Chemin faisant, je remarquai que les plantations de mûriers, que j'avais rencontrées pour la première fois dans la matinée, devenaient de plus en plus importantes et plus nombreuses. En effet, je venais d'entrer dans un district qui produit le plus de soie dans tout le Japon. Je traversai successivement les villages de *Kisaki*, *Sakaï* et *Gourio*, et je dus passer au bac les deux rivières de *Hirochigawa* et de *Tonegawa*. Cette dernière était fort rapide et assez large, et le passage exigea un peu de temps. Sur sa rive droite se trouve le petit village de *Gourio* ; comme je le traversais, je fus assez étonné de voir une quantité de femmes se mettre aux fenêtres d'un long bâtiment à un étage. C'était une filature de soie, dont les ouvrières, attirées par la curiosité, avaient abandonné bassines et dévidoirs, pour assister au défilé de ma petite caravane. Il était près de six heures, lorsque je m'arrêtai au village de *Tamamoura*, pour y passer la nuit. Cette localité, fort propre et bien tenue, respirait un air d'aisance et de prospérité, que j'avais déjà remarqué depuis *Ohata*, et qui offrait un contraste frappant avec le pauvre aspect des villages des pays de montagnes. Ce bien-être des populations est général dans les districts séricicoles, où l'on peut dire que même dans les classes les plus pauvres il n'y a pas de nécessiteux.

Le lendemain, 24 mai, je quittai *Tamamoura* vers six heures et demie, et après avoir passé la rivière *Karasòugawa*, je ne tardai pas à arriver au village de *Chinmatchi*; là je coupai à angle droit la route qui va de *Yedo* à *Takasaki*, et me dirigeant vers l'ouest, je suivis une route nouvellement faite pour le service de l'usine de *Tomioka* et inaugurée l'année précédente par l'impératrice même. Cette route, de beaucoup la meilleure que j'aie vue au Japon, traverse une plaine magnifique, qui, à cette époque de l'année, était d'une beauté inimaginable : elle était couverte de petits champs de blé et d'orge, tous encastrés entre des haies de mûriers, dont le vert foncé faisait ressortir les teintes claires des moissons. Des hameaux et des villages se voyaient de tout côtés à demi-cachés sous des massifs de grands arbres. Cette plaine s'élève en pente insensible jusqu'au pied des montagnes, qui me bornaient la vue vers l'ouest, et que domine le superbe sommet de l'*Asama-Yama*, le volcan le plus curieux du Japon, et qui est en continuelle activité.

Je ne tardai pas à m'engager dans une large vallée qui vient se réunir à la plaine à la façon d'un estuaire. A partir de cet endroit, la route un peu plus accentuée monte peu à peu vers l'ouest, en suivant la rive droite d'un petit cours d'eau. Après avoir traversé le village de *Yochi*, j'arrivai vers les dix heures et demie à celui de *Tomioka*, où je me présentai de suite à la filature de soie. Le directeur ainsi que sa famille étaient partis depuis trois jours pour *Yokohama*, laissant à leur domestique français une lettre à mon adresse et l'ordre de mettre la maison à ma disposition. En conséquence, ce domestique m'indiqua un appartement et s'empressa de me préparer à déjeuner. Bien que naturellement peu enclin à la bonne chère, ce ne fut pas sans quelque satisfaction que je me trouvai assis à une vraie table, servie à la française, et en face d'un cuisseau de cerf, entouré de dignes accessoires ; il y avait quinze jours que, sauf un poulet et quelques poissons, je ne vivais que d'œufs, de champignons et de légumes ; depuis huit jours, je n'avais que du biscuit ; anssi fis-je le plus grand honneur à la venaison et au pain blanc.

Aussitôt après mon déjeuner, je sortis pour prendre connaissance des lieux que j'allais habiter et du personnel dont la santé allait m'être confiée. L'usine de *Tomioka* est agréablement située dans une grande vallée, à côté du village du même nom et sur la rive gauche d'une petite rivière. Elle peut passer pour un modèle de filature de soie, ayant un atelier de trois cents bassines, et tous les bâtiments nécessaires à l'industrie. Le personnel consiste en un directeur européen, plusieurs officiers du gouvernement japonais, et cinq cents ouvrières fileuses. Ces dernières sont choisies par les soins de l'administration dans toutes les provinces du Japon ; quand elles ont passé un an ou deux dans l'établissement, elles retournent dans leurs pays pour y répandre les connaissances qu'elles ont acquises dans l'art de la filature des soies. L'usine de *Tomioka* fonctionne tout à fait à la mode européenne, et elle a été installée, sous la surveillance du directeur, par des contre-maîtres et des ouvrières venues de France, et qui ont dressé des élèves des deux sexes. La force motrice des dévidoirs et la vapeur d'eau sont fournies par une machine à vapeur, dirigée par un mécanicien japonais, formé à l'Ecole française de l'arsenal de *Yokoska*. Le combustible employé et apporté d'une mine voisine est un lignite très-imparfait ou plutôt du bois fossile.

Les environs de *Tomioka* sont très-pittoresques : la vallée est bornée à droite et à gauche par des chaînes de montagnes et de collines, très-boisées et courant de l'est à l'ouest, pour aller se rattacher aux grandes chaînes qui se détachent de la grande montagne de *Asama*. Celle-ci est un volcan très-curieux, que je n'ai pas encore eu le temps d'aller visiter, mais dont j'aperçois tous les jours les épaisses colonnes de fumée qui jaillissent sans interruption de son cratère. Celui-ci, d'après le rapport de de tous les visiteurs, serait unique en son genre, en ce sens qu'au lieu d'avoir une forme conique évasée supérieurement, il serait formé par un gouffre sans fond, formé par des murailles de roche perpendiculaires et dont le diamètre n'aurait pas moins de trois cents mètres de largeur. L'œil ne peut voir au fond du gouffre que des tourbillons de fumées épaisses formées par de la vapeur d'eau, des gaz sulfureux et des cendres très-fines ; ces fumées qui s'élèvent très-haut dans l'air sont aperçues de fort loin et leur production est ininterrompue. D'horribles grondements souterrains se font entendre avec une telle force qu'ils étouffent le son de la voix. Tel est l'état actuel de ce volcan, continu, mais inoffensif depuis de longues années ; mais il n'y a guère plus d'un siècle, il produisit une éruption formidable, accompagnée de violents tremblements de terre, si fréquents à *Yedo* et à *Yokohama* ; peut-être cela est-il dû au dégagement continuel de vapeur par le cratère de l'*Asama*, qui en ce cas ferait fonction de soupape de sûreté.

A l'ouest et à trois lieues et demie de *Tomioka*, se trouve le village de *Simonita*, célèbre par sa production de belles soies et aussi par les mines de fer magnétique, qui sont à une petite distance, en un lieu appelé *Osaka*. J'ai eu l'occasion de visiter ce filon qui est vraiment remarquable : il émerge du sol à une assez grande hauteur sur les flancs d'une montagne très-boisée. Sa tête ou chapeau se montre à vue au-dessus du sol, sur une hauteur de un mètre quatre-vingt centimètres environ, et jouit de propriétés magnétiques très-puissantes ; il attire fortement et retient de grosses chevilles en fer, qu'on présente à distance et qu'on a de la peine à maintenir dans sa main. Le minerai très-dur est, paraît-il, tout à fait semblable à celui des mines célèbres de la Suède et de la Norwége (Taberg, Dannemora, Arendal, etc.), et serait très-riche (de 60 à 70 pour cent). Jusqu'ici les Japonais n'en ont guère exploité que quelques fragments isolés, qui auraient roulé dans un ravin, car la tranche du filon est visible sur le flanc de la montagne où il trace une ligne très-oblique (de 45° environ) ; mais le gouvernement vient d'ordonner sa mise en exploitation régulière et a envoyé sur les lieux un ingénieur anglais, qui a déjà commencé la construction d'un haut fourneau. La puissance du filon varie de 4 à 8 pieds anglais ; son étendue n'est pas encore exactement connue, mais elle est à coup sûr de plusieurs centaines de mètres.

En outre des mines de fer et de charbon, il y a aussi des gisements importants de granit, de calcaire à chaux, d'ardoises, d'amiante, etc. Mes occupations et les fortes chaleurs de l'été ne m'ont pas permis d'explorer et d'étudier suffisamment le pays, pour en rendre un compte satisfaisant. Mais cette étude sera l'objet d'un prochain travail.

Le lendemain matin, 25 mai. je quittai *Tomioka* pour me rendre à *Yedo*, où j'avais à régler des affaires et à m'entendre avec le directeur de l'usine. Arrivé à *Chinmatchi*, je repris le chemin que j'avais suivi l'année précédente, vers la même époque, pour aller à *Niigata*. Je repassai donc par les villages de *Hondjo*, *Foukaya*, *Koumagaï*, *Kounosou*, etc., et j'arrivai le lendemain, 26 mai, à *Yedo*.

Je ne dirai rien de cette partie du voyage, car je n'aurais guère qu'à répéter ce que j'ai déjà dit sur ce pays, dans ma précédente relation.

En somme, depuis le 10 mai, jour de mon départ de *Niigata*, jusqu'au 26 mai, jour de mon arrivée à *Yedo*, j'avais mis dix-sept jours pour parcourir cent-quarante lieues, sur lesquelles j'avais marché pendant douze jours, pour faire quatre-vingt lieues. Pendant ce temps et le long du chemin, j'avais pu recueillir quelques notes, lesquelles, aidées de mes souvenirs, m'ont permis de rédiger ces quelques pages, auxquelles je ne souhaite pour tout succès que le bon accueil qui à été fait à ma relation du voyage de *Yedo* à *Niigata*, et qui n'ont d'autre but que de me rappeler au bon souvenir de mes amis et de mes confrères de France, tout en cherchant à leur être agréable, je serais aussi heureux de leur être utile. Certain, d'avance, qu'ils tiendront compte des difficultés inhérentes aux débuts, dans l'exploration des pays étrangers, au point de vue des sciences physiques et naturelles, je les remercie d'avance de leur bonne sympathie, qui, je le sais, m'est acquise déjà et que je les prie de vouloir bien me continuer.

Toulouse, Impr. Louis & Jean-Matthieu Douladoure